A Study of Mysticism
in Classical German Philosophy

德国古典哲学中神秘主义研究

肖 宁 著

人 民 出 版 社

序 言

纵观西方文明的发展史，我们不难发现它是由两种基因共同塑造的，一个是源于古希腊理性主义哲学，另一个则是源于希伯来的非理性化宗教，二者通过漫长的中世纪，相互融合、相互渗透，其结果是在基督教的信仰中发展出一个具有浓厚理性主义色彩的神学体系，同时，让西方近现代哲学中始终要给上帝预留位置，保持着理性与信仰之间的内在张力。如果我们承认这个事实，那么，离开宗教来单纯地看待西方哲学中的理性主义，抑或离开哲学单纯地理解西方基督教中的信仰，恐怕都是不全面的。可以说，哲学与宗教、理性与信仰间的调和才是西方哲学独具的理论特质，德国古典哲学就是实现这个“调和”的典型哲学形态，贯穿于其中的神性主义色彩不仅是这种“调和”的产物，而且还彰显着它自身演绎的内在逻辑走向。

德国古典哲学之前的西方近代哲学存在着相互争论的两种哲学——经验论和唯理论。严格说来，德国本土哲学并没有参与到这个“争论”之中。我们所熟知的莱布尼茨虽然是德国人，但他的著述更多的是以法文和拉丁文呈现的。换句话说，他是以个人身份加入了唯理论的阵营之中，这并不能代表当时德国的本土哲学。事实上，当时德国的本土哲学并未从神学中独立出来，而且还被浓厚的思辨主义和神秘主义笼罩着，如埃克哈特用“心灵之光”、库萨的尼古拉神秘主义认识论以及马丁·路德“因信称义”中个体神秘体验等等，最终雅各·波墨实现了思辨和神秘充分融合，并缔造了能够代表当时德国本土的哲学——神智学。波墨的哲学思想不仅深深地影响了德国古典哲学，而且，当近代经验论和唯理论陷入了无法自拔的“知识论危机”时，带着思辨和神秘的德国本土哲学挺身而出，并最终成就了德国古典哲学的辉煌。

所谓的“知识论危机”，其实就是经验论和唯理论同时落入了“经验”陷阱之中，经验论相信外在有限、个别经验的真实性，但它却无法回答具有普遍必然性科学知识，它怎么可能来源于对有限经验的无限归纳；唯理性对主体思维中的普遍观念深信不疑，但他们却无法让这些普遍观念在经验中被实证出来。如此一来，解决“知识论危机”的唯一方案只是超出“经验”的立场，其路径有二：一是回到主体之中，以“先验”超越经验；二是走出主体，以“超验”超越经验。前一个路径是康德和费希特的先验观念论，后一个路径则是谢林和黑格尔的绝对观念论。其实，当我们固守着“经验真实”立场时，神秘是难以在“经验”中藏身的；而当我们超越了“经验”的视域时，神秘自然又是我们无法避免的，于是，在德国古典哲学的唯心观念论中，神秘主义的色彩始终挥之不去，它如影随形地伴随着德国古典哲学发展的始终。具体来说，康德为经验划定了先验的界限，虽然经验中再无神秘可言了，但他的物自体之域却保留了不可知的神秘；费希特用“绝对自我”统摄了主客体全域，结果却让“绝对自我”的设定活动与上帝创世活动并无二致，这样，先验观念论路径的尽头依旧难逃被神秘化的逻辑宿命；谢林开始尝试超出先验观念论的哲学路径，寻求真正意义上的主、客同一的超验绝对，但在人类如何把握“绝对”的认识方式极力推崇理性直观，这又让他的哲学与神秘合谋；黑格尔批判谢林的神秘直观，试图以“逻辑学”取代直观，从而让绝对理念的内容通过从潜在到实现的思辨运动的方式得以澄明。但“思辨”运动不是黑格尔的原创，而是基督教解释“三位一体”的杰作。这样，黑格尔用基督教成就了他的思辨哲学，思辨哲学体系成为了西方理性主义哲学发展的最高峰；与此同时，黑格尔也用他的思辨哲学成就了基督教，基督教成为了间接表达绝对真理的精神性宗教。正是在这个哲学与宗教的双向“成就”中，黑格尔最终实现了理性与神秘的终极和解。

当前，国内学者对德国古典哲学的研究越来越深入，但却鲜有追问其中神秘主义问题。肖宁博士在本部著作中不仅将神秘主义作为研究德国古典哲学的主题，而且还清晰地勾勒出了它的前世和今生，比较深入地揭示了神秘主义在德国古典哲学发展和演绎的逻辑进程。我们知道，德国古典哲学是以理性主义为主基调的哲学形态，从其中提炼出“理性的神性”，这个问题本身就极具难度。肖宁是我指导的第一个博士生，入学之初，我便建议她啃下这块无人问津的学术“硬骨头”。应该说，她没有辜负我的期望，也没有辜负读者们的期望，现在摆在读者们面前的这部专著尽管还存在着诸多不尽如人意的地方，但无疑，它是目前国内学界第一部正式讨论德国古典哲学神秘主义的著作，也弥补了国内学界在这一领域研究的空白。作为她的导师，我特别希望通过这部著作的如期出版，引起学界的共同关注，让这个学术问题有一个可持续的研究。同时，也诚恳地希望学界各位同仁，对本书中存在的缺点和不足观点，予以批评指正，本人和作者在此深表感谢。

叔贵峰

2022 年 8 月于沈阳

目　录

绪 论

神秘主义在何种意义上成为理性通往“思辨”的阶梯

一、理性与神秘在德国古典哲学中的内在张力

体系的真理性建构是德国古典哲学典型的理论特征之一，他们将真理性与体系性联系在一起，用体系的完整性来保证形而上学的真理性。可以说，从康德到黑格尔的哲学发展进程，宗教在德国古典哲学的体系中是不可缺少的组成部分并且占据重要的体系地位。之所以如此，原因在于：一方面，当时的普鲁士王国本身就是一个“政教合一”的国家，宗教无论出于政治需要还是在人们的世俗生活中，都具有无可替代的作用，妄图脱离宗教因素去建构一个公认的学科体系在当时是无法想象的。另一方面，自中世纪基督教神学以来理性和哲学一直成为宗教的“婢女”，随着近代启蒙视域的开启，理性成为重估一切价值的尺度，于是，理性和信仰、宗教和哲学的关系再次被凸显出来，如何调和两者的关系重新成为了哲学家的理论任务。因此，我们可以看到，整个德国古典哲学的发展中哲学家们都在试图用宗教理性化的方式来处理这一重大问题，其结果是要么将宗教归结为实践领域，用道德的现实性来保证宗教存在的合理性，要么用理性泛神论的方式完成上帝理性化，而宗教则成为了绝对精神发展的必经环节和表

象的再现。在西方文化思想的发展历史之中，宗教不仅与信仰直接相关，而且还与神秘主义密不可分。同时，近代的德国哲学在进入德国古典哲学之前，由思辨主义和神秘主义共同构成了其哲学的本土传统。当德国古典哲学家们试图在其形而上学体系中调和宗教与哲学的关系时，神秘主义总是以各种形式萦绕其中，并扮演着“调和剂”的重要角色。因此，在德国古典哲学从知性理性到辩证理性的发展过程中，其神秘主义也经历着一个不断变换“角色”的历史进程，揭示这一演变历程是本书论证的主旨所在。

根据近些年来学术界对德国古典哲学研究成果和关注重心的考察，可以看到，神秘主义是较少被触及的一个领域。即使有个别研究涉及，也主要是阐述德国古典哲学中的某位哲学家与神秘主义之间的关联，并且这种阐明多是作为个案，以“点”的方式进行研究，如康德对神秘主义的批判、谢林晚期哲学的神秘主义特征等，并没有形成较为完整或系统的论述，这就造成了德国古典哲学中神秘主义在理论环节上的缺失。学者们对于神秘主义的研究更多地局限于宗教、文化、文学和艺术领域，特别是将神秘主义作为一种非理性的宗教体验或理性无法通达的超理性世界。因此，以德国古典哲学为基本视域来把握神秘主义，把神秘主义置于德国古典哲学框架内加以审视，梳理其内在的发展演进逻辑，对于丰富当前我国哲学界对于德国古典哲学的研究具有重要的理论和现实意义。

二、德国古典哲学中神秘主义研究的理论背景综述

当前国外学者对于德国古典哲学中神秘主义的研究主要集中在以下几个方面：

1. 对于德国哲学中神秘主义的分类研究。主要著作有：从文学和

思想史的发展角度谈神秘主义的发展过程来展开的，如安德鲁的《德国神秘主义从宾根希尔德加德到路德维格维特根斯坦：一个文学和思想史》[①]；以中世纪神学的发展来讨论神秘主义的著作相对较多，如伯纳德麦吉恩的《中世纪德国神秘主义的收获》[②]、罗伯特·沃恩的《14世纪的德国神秘主义》[③]、W. K. 佛兰明的《中世纪的德国神秘主义者》[④]、玛格丽特路易斯贝利《德国神秘主义在17世纪的英格兰》[⑤]、詹姆士克拉克的《伟大的德国神秘主义者：埃卡尔特》[⑥]等。这些著作的研究多从中世纪宗教神学入手，或是以整个德国的思想发展作为主线来研究德国哲学与神秘主义之间的关联，但是并没有讨论德国古典哲学与其之间内在的逻辑关联，因此，专门对德国古典哲学与神秘主义的发展进程展开研究的著作相对较少，其中代表性的研究成果是德国哲学史家迪特尔亨利特的《在康德与黑格尔之间：关于德国理想主义的讲座》[⑦]。这是他在哈佛大学对美国学生讲授德国古典哲学的演讲，深入诠释了德国观念论的历史及其与当代哲学之间的关系，其中他将神秘主义的分类严格限定在德国古典哲学范围内。迪特尔亨利特从康德哲学的体系结构开始，以黑格尔系统的简述作结，其间涉及耶可比、谢林和黑格尔之间的争论，包括如何理解“直观思维”的作用，

---

① 安德鲁：《德国神秘主义从宾根希尔德加德到路德维格维特根斯坦：一个文学和思想史》，纽约州立大学出版社 1993 年版。

② 伯纳德麦吉恩：《中世纪德国神秘主义的收获》，十字路口出版社 2008 年版。

③ 罗伯特·沃恩：《14 世纪的德国神秘主义》，基辛格出版社 2010 年版。

④ W.K. 佛兰明：《中世纪的德国神秘主义者》，基辛格出版社 2010 年版。

⑤ 玛格丽特路易斯贝利：《德国神秘主义在 17 世纪的英格兰》，其他书籍出版社（英译本）2012 年版。

⑥ 詹姆士克拉克：《伟大的德国神秘主义者：埃卡尔特》，多佛出版社 2013 年版。

⑦ 迪特尔亨利特：《在康德与黑格尔之间：关于德国理想主义的讲座》，哈佛大学出版社 2008 年版。

如何理解斯宾诺莎的“泛神论”与“自由”之间的关系等对于德国古典哲学的发展至关重要的问题。这部著作对康德与神秘主义之间的关系作了辨析，在其第二部分“康德的早期批判者”中明确以“‘神秘主义’的诱惑”（The Allure of“Mysticism”）为第5讲，其中详细地阐明了康德的自由哲学与神秘主义的观念之间的直接对立。同时，迪特尔亨利特还在本书中概括了三种哲学上的神秘主义类型，在他看来，第一种理论只是为这个主张进行辩护，即这里存在一种关于洞见的另外的、更深层的根源——这个洞见有时出现在神的维度中，在那里，人们与上帝直接接触；有时出现在道德中，在那里，人们与共同体的精神直接接触；或者甚至有时出现在认识论中，在那里，世界的精神向人们揭示它自身（斯多亚派的遗产）。第二种理论试图表明一种洞见（这不同于日常的洞见）是必须的，以便理解知识是什么。根据这个观点，知识的基础对于普通知识来说是无法理解的。因此，就需要一种特殊的洞见，它是可以被论证的。当然，发展对关于所有可能知识种类的这个来源的洞见将会成为一种不完全是哲学的活动，它需要沉思，甚至可能需要出神。这种类型的理论是新柏拉图主义的神秘主义，它需要哲学论证与随后的神秘实践之间的一种连续性，而后者正是在追寻哲学论证暗示的方向；第三种类型的理论从最初的神秘洞见开始，这种洞见无法以新柏拉图主义认为可能的方式被证明。在这种神秘主义中，这个洞见已经在那里了，由此一种对这个洞见的理性启蒙和建构变得可能。他指出，从这个洞见出发，我们可以发展一种‘第二哲学’，即一种对一切东西的联系的更深的洞见。迪特尔亨利特认为这个哲学洞见是理性的，尽管如果它不持续地预设对世界联系的最初的神秘洞见，它就会既不可能又无法发展。迪特尔亨利特没有对神秘主义与德国古典哲学整体的关联作出系统论证，但其对神秘主义类型的划分，可以为本文的分析提供独特的参考视角。此外，迪特尔亨利特提到了黑格尔哲学是对神秘主义与康德理性哲学的整合，但是并没有对此展开详尽的论证。

2. 对于黑格尔哲学中神秘主义理论来源的考察。主要著作有迪基·劳伦斯的《黑格尔：宗教，经济和精神政治，1770—1807》①，书中从宗教、经济与精神政治三方面阐述了黑格尔哲学中的神秘主义；杰西·怀特的《宗教理性：黑格尔宗教哲学的基础》②，其中系统地探究了黑格尔宗教哲学中的神秘主义内容；Peter C. Hodgson 的《关于上帝存在证明的讲义》③，从内在的关联性方面展开黑格尔宗教哲学与宗教神学的理论研究，提出黑格尔的宗教哲学是 19 世纪面对现代性和后现代性之挑战神学的最重要来源之一；查尔斯·泰勒的《黑格尔》④，详细的解读了黑格尔哲学；托马斯·A. 刘易斯的《黑格尔的宗教，现代性和政治》⑤；在克尔凯郭尔的《哲学片段》⑥中，提出黑格尔和斯莱尔马赫提供了超越启蒙运动代表性思想家（如康德）所制造的神学困境的迥然不同的道路，而且这些道路在今天仍然继续富有成效。施莱尔马赫在《基督教信仰》中全面分析了黑格尔宗教哲学的生成历史与逻辑演进，他提出了“三位一体：上帝作为绝对精神”的论述，揭示了黑格尔与神秘主义哲学家雅各·波墨之间的深刻联系。波墨首次将思维中的“矛盾”的理性演绎方式与神秘的信仰对象相结合，用理性

---

① 迪基·劳伦斯：《黑格尔：宗教，经济和精神政治 1770-1807》，剑桥大学出版社 1987 年版。

② 杰西·怀特：《宗教理性：黑格尔宗教哲学的基础》，加州大学出版社 1990 年版。

③ Peter C.Hodgson ：《关于上帝存在证明的讲义》，牛津大学出版社 2007 年版。

④ 查尔斯·泰勒：《黑格尔 . 凤凰出版传媒集团》，译林出版社 2009 年版。

⑤ 托马斯·A. 刘易斯：《黑格尔的宗教，现代性和政治》，牛津大学出版社 2011 年版。

⑥ 克尔凯郭尔：《哲学片段》，牛津大学出版社 2007 年版。

的方式述说信仰的对象，重新把握“三位一体”的思想，这种理性的“矛盾”恰恰体现为最原始的“思辨”特性。在彼得·克·霍奇森的《黑格尔和基督教神学：读宗教哲学讲座》[①]中，作者提出，三位一体不仅是上帝的真理，而且是整个现实的确定性和特殊性。在这个意义上，创造世界形象的创造者，即整个结构在每个部分复制。通过对黑格尔与基督教神学之间的关系，探析了德国哲学中的神秘主义传统；在安德鲁吉蒂和马丁麦克伊弗编辑的《卡尔马克思与当代哲学》[②]一书中收录了 Joseph McCarney 的文章《整个神秘：马克思对黑格尔的理解》，其中指出，在《黑格尔法哲学批判》中，马克思断言黑格尔的法哲学乃至他的整个哲学包含一种神秘主义。马克思实际上从三种不同思路揭示了黑格尔哲学的神秘主义。第一种是泛神论的思路。马克思认为，在黑格尔那里，观念或逻辑观念本身是纯粹的思维抽象，因而必须放弃自身，外化成自然，观念等同于整个世界的存在。在这个意义上，观念就是泛神论中的上帝。第二种是一神论的思路。在马克思看来，黑格尔把观念理解为“独立的主体”和现实事物的“造物主”，观念并不依赖现实世界，而是高于现实世界。在这个意义上，观念就相当于一神论意义上的上帝。第三种是“无世界论”的思路。马克思认为，在黑格尔那里，现实世界或对象不过是纯粹的外观，并不是现象或者表象，因而现实世界从本体论角度来看，实际上相当于无或者不存在。马克思指出，根据这种等价性可以看出黑格尔的神，实质上是泛神论的神。宇宙主体是与“平凡的经验世界”不可分割地结合在一起的，没有它即是“无”的，它本身就表明了这一点。这篇研究实

---

① 彼得·克·霍奇森：《黑格尔和基督教神学：读宗教哲学讲座》，牛津大学出版社 2005 年版。

② 安德鲁吉蒂、马丁麦克伊弗：《卡尔马克思与当代哲学》，牛津大学出版社 2007 年版。

际上是从马克思的视域出发，以马克思对黑格尔神秘主义的批判为线索探讨二者的关系，从而为我们完整地看待黑格尔哲学的神秘性提供了参考。

3. 对德国古典哲学中神秘主义与浪漫主义之间关系的研究。主要有宝拉梅椰的《耶拿浪漫主义：神学、会计学、文学》①；弗里德曼·霍恩·谢林和斯威登堡的《神秘主义与德国理想主义》②等，比较具有代表性的研究成果是诺特丹大学的 Karl Ameriks 编的《德国观念观》③（英文版），作为"剑桥哲学研究指针"系列中的一部，书中从文学、艺术和宗教的各领域出发，通过"范畴"的历史展开过程阐释德国本土的思想家之间的理论发展关联。尤其是其中的《政治与新神话：晚期浪漫主义转向》一篇，从政治学与神话学的分析出发，揭示了浪漫主义的特点与趋向，对我们从浪漫派角度理解德国古典哲学的神秘主义提供了有力的支撑；阿梅利克斯在《德国理想主义与艺术》④中，揭示了德国古典哲学与艺术之间深刻而复杂的关系，为我们理解艺术直观、最高的东西与艺术相结合的神秘主义等提供了有益的启发。

4. 其他相关研究成果。罗素的《神秘主义与逻辑》⑤，虽然以神秘主义与逻辑为题，但是尚未研讨德国古典哲学与神秘主义的历史脉络或内在关联，其重心仍然在论述其数学、逻辑和知识论的核心观点。罗素对这一问题的处理采用的是一种回溯的方式，他把哲学上的神秘

① 宝拉梅椰：《耶拿浪漫主义：神学、会计学、文学》，麦吉尔·皇后大学出版社 2000 年版。

② 弗里德曼·霍恩·谢林、斯威登堡：《神秘主义与德国理想主义》，斯维登堡出版社 2006 年版。

③ Karl Ameriks：《德国观念观》（英文版），剑桥大学出版社 2008 年版。

④ 阿梅利克斯：《德国理想主义与艺术》，生活·读书·新知三联书店 2006 年版。

⑤ 伯兰特·罗素：《贾可春译 . 神秘主义与逻辑》，商务印书馆 2017 年版。

主义与科学（精神）作为一对范畴，认为哲学是二者的结合。罗素提出，历史上出现过神秘主义倾向的杰出代表是柏拉图——他不研究我们眼见的那个太阳，而沉思那个太阳的实质。在华中科技大学哲学系邓晓芒教授承担的国家社会科学基金重大项目“德国古典哲学与德意志文化深度研究”开题论证会上，课题组主要成员德国柏林自由大学哲学系汉斯费格教授在阐明哲学与政治、宗教的关系时指出，德国哲学包含了神秘，这是因为它受新教的影响，而且德国古典哲学在整个发展上都带有某种神秘的面纱。

国内学界关注德国古典哲学中神秘主义的研究比较晚，大约于20世纪80年代开始，主要代表人物是武汉大学的赵林教授、华中科技大学的邓晓芒教授以及首都师范大学的陈嘉映教授等。他们的代表性研究成果如下：

1. 对于近代德国神秘主义的传统的相关研究。赵林教授在《论德国哲学的神秘主义传统》[①]中详细地阐明了德国哲学自产生之初本就带有着不同的思维法则，即“思辨”的理论特征。其源头在于中世纪时期所形成的神秘主义传统，用“思辨”解释“信仰”的对象时产生了向超验对象的对立面思考并寻求两者的“同一”性的思维方式，是后来黑格尔辩证法的理论前提；在《论德国神秘主义与浪漫主义哲学》[②]中也详细地阐明了德国文化中的神秘主义特征不仅体现在宗教神学之中，还形成于对于知识的神秘的“直观体验”的崇尚性之中。

2. 对康德、谢林、黑格尔各自的神秘主义的专门研究。赵林在

① 赵林:《论德国哲学的神秘主义传统》,《文史哲》2004年第5期。

② 赵林:《论德国神秘主义与浪漫主义哲学》,《学习与探索》1996年第5期。

《刺向神秘主义和形而上学独断论的双刃剑》[①] 中指出，《通灵者之梦》是康德早年所写的一篇长篇论文。在该文中，康德不仅以经验为根据，对神秘主义通灵术和形而上学独断论进行了深刻地批判，这些思想后来构成了康德批判哲学的基本内容。在文章《神秘主义与理性的双重扬弃——黑格尔宗教哲学的演化与实质》[②] 中全面阐释了黑格尔宗教哲学的形成以及黑格尔最终完成的神秘与理性的“双化”。在《辩证法与神秘主义》[③] 中揭示神秘主义与辩证法的内在关联。梳理了“辩证法”自古希腊以来的思维特征以及其与中世纪神学的融合过程，在黑格尔哲学中得到了终极的完成。陈嘉映教授在探讨德国哲学与德国文化的专题中提到神秘主义时提出，在传统的经验主义与理性主义的区分中，不能忽视的是欧洲大陆内部的神秘主义传统，梳理了从康德到黑格尔的德国古典哲学家对于“神秘”的“信仰”对象的哲学思想，且神秘主义的传统对过度的唯理主义能起到矫正作用。

崔文奎教授在《费希特哲学向宗教的回归》[④]（也包括谢地坤的《耶拿时期的费希特宗教哲学》[⑤] 等）中认为，费希特从形式逻辑出发，为形式逻辑奠定根基，寻求一切“知识”的知识，提出知识学的原理，他所针对的对象是逻辑本身，但是随后费希特哲学转向了道德的宗教，在人类历史的发展演进中，将知识学中的“绝对自我”神秘化为“上帝”的体现。这样，知识学中作为产生一切的基础的“绝对自我”

① 赵林：《刺向神秘主义和形而上学独断论的双刃剑》，《云南大学学报》（社会科学版）2009 年第 4 期。

② 赵林：《神秘主义与理性的双重扬弃——黑格尔宗教哲学的演化与实质》，《天津社会科学》2003 年第 5 期。

③ 赵林：《辩证法与神秘主义》，《长江文艺》2012 年第 9 期。

④ 崔文奎：《费希特哲学向宗教的回归》，《世界宗教研究》2010 年第 5 期。

⑤ 谢地坤：《耶拿时期的费希特宗教哲学》，《哲学研究》1992 年第 8 期。

成为了最原始的根据，与“上帝”具有了同构性，在费希特的晚期哲学中，就又一次加入了宗教神学的内容，“上帝”取代了“绝对自我”成为人类社会向着道德目标进化的道德宗教。

邓安庆教授在《从启蒙倒退到神话之后的生存哲学——论谢林中后期哲学的伦理思想》① 中指出，谢林在重视知识的客观实在性的基础上，超越存在论立场，重新为知识的有效性奠定根基，在知识论的立场中找到了“绝对同一”，但是认识“绝对同一”的方式需要通过神秘的“艺术直观”，这样，谢林晚期哲学完全地走向了神秘主义。

还有王南湜、吴晓明教授在《交融与交锋：关于马克思与德国古典哲学的对话》② 中均提到关于黑格尔哲学的神秘主义成分，而且主要是以马克思为参照系来比照说明的。如王南湜指出，进入马克思的哲学之中来看待历史发展的目的性，往往不能够绕开黑格尔哲学对其的影响。吴晓明指出，现代形而上学的基本建制体现为某种康德式的分离和对立的结构，是一个自身运动又回复自身的过程。黑格尔通过“绝对者”来解决这个问题。有些学者认为这种方式存在局限性，直到马克思才真正的解决，马克思真正地解决了黑格尔哲学中的对立，消除了黑格尔哲学中的神秘化。所以，从黑格尔进展到马克思，就是去除黑格尔的神秘的普遍者（绝对者）的演进过程。

3. 对西方哲学史中神秘主义的传统研究。邓晓芒教授在《西方哲学史中的理性主义和非理性主义》③ 一文中指出，从理性与非理性在

---

① 邓安庆：《从启蒙倒退到神话之后的生存哲学——论谢林中后期哲学的伦理思想》，《云南大学学报》（社会科学版）2013 年第 4 期。

② 王南湜、吴晓明：《交融与交锋：关于马克思与德国古典哲学的对话》，《哲学动态》2013 年第 1 期。

③ 邓晓芒：《西方哲学史中的理性主义和非理性主义》，《现代哲学》2011 年第 3 期。

西方哲学中的纠缠关系来审视神秘主义，他认为，自西方文化产生之初就形成了理性思考的文化传统，按照明确的体系来建构思想，同时，随着社会的两极发展，产生了非理性的神秘团体，由此理性与神秘成为西方文化中所固有的两种“基因”交织发展、相互渗透，当理性思考超验对象之时，非理性因素便随之而入，黑格尔哲学正是在这一传统中发展而来的。

4. 对神秘主义与宗教之间的关系研究。代表人物是先刚教授，在其《哲学与宗教的永恒同盟——论谢林的宗教哲学思想》① 文章中探讨了谢林哲学中的宗教问题与神秘主义表现形式，他指出，哲学与宗教具有共同的起源和归宿，具有共同的对象：对于绝对者（上帝）的认识，以及无限与有限、有限与有限之间的对立和统一关系。在谢林哲学里，这一切只有在一个过程中，通过“历史”的概念被理解把握。哲学与宗教的同盟关系在于，前者不是通过自身，而是通过后者（不管是以神话还是天启的形式）才达到最终的完成，另外，后者通过前者而获得自己所有的本质规定性。这一思想贯穿着谢林从早期到后期的整个哲学思辨。黄丁的《基督教神秘主义的诠释、研究进路与哲学反思》②，发表于《宗教学研究》。从基督教入手谈神秘主义与宗教之间的关系。

5. 对德国古典哲学中的人本主义与神秘主义的研究。舒远招教授在其《德国古典哲学中人本主义的类型划分》③ 一文中从理性主义的

① 先刚：《哲学与宗教的永恒同盟——论谢林的宗教哲学思想》，《社会科学战线》2007 年第 3 期。

② 黄丁：《基督教神秘主义的诠释、研究进路与哲学反思》，《宗教学研究》2018 年第 3 期。

③ 舒远招：《德国古典哲学中人本主义的类型划分》，《湖南文理学院学报》（社会科学版）2004 年第 9 期。

维度来把握德国古典哲学，从康德到黑格尔的哲学发展其实是实现了“人本主义”（理性）与“神本主义”（神秘）的“合流”，以理性主义维度的发展过程来划分人本主义的具体类型。综上，虽然国外学界比较重视对于德国古典哲学中神秘主义的理论研究，同时关注到神秘主义在德国古典哲学中的理论重要性，但并没有以神秘主义为主题来系统地阐释其在德国古典哲学理性主义维度中，随着理性发展而展开的逻辑演进。国内部分学者注意到德国古典哲学中所包含的神秘主义要素，多从其所固有的文化背景出发，对神秘主义在德国古典哲学家各自哲学体系中的表征做共识性的判断，但仍然主要停留于结论的层面，而缺少对神秘主义在德国古典哲学中逻辑演进的历史性梳理和系统性考察，因此揭示这一内在逻辑的演变过程，构成了本书理论研究的核心内容。

三、本书要解决的核心问题和总体思路

西方的文明离不开两种文化基因的共同塑造——古希腊的哲学和希伯来的宗教，两者一个是理性和逻辑，一个则是信仰与神秘，于是，哲学与宗教、理性与信仰之间始终保存着既对抗又调和、既排斥又渗透的内在张力，这也成为了西方哲学自身所独有的理论特质并表现在西方哲学发展的各个历史阶段中。德国古典哲学以建构全体性、真理性的形而上学体系为己任，在建构中理性必然遭遇信仰，哲学必然触及宗教，这样，在理性与信仰的对立与调和中演绎出了神秘主义自身发展的逻辑，揭示这一逻辑在德国古典哲学中的演进历程是本书研究的核心问题。

在进入到德国古典哲学之前，德国本土哲学氛围中充满着思辨主义和神秘主义两种基调，埃克哈特用“心灵之光”开启了理性与神秘

的最初结合，库萨的尼古拉又进一步将神秘主义引入认识论领域，马丁·路德“因信称义”宗教改革的结果使得神秘主义回归个体信仰，最后雅各·波墨的“神智学”成了为理性与神秘主义相互融合的哲学典范。这些思想游走于神学和哲学之间，并逐步培育成具有浓厚神秘色彩的德国本土哲学的思维特质，其研究对象的超验性让“神秘”有了栖息之所，论证方式的思辨性让“神秘”成为演绎的工具，论域的宗教性又让“神秘”统摄现实成为了可能。严格说来，德国本土哲学的这种神秘主义并没有真正登上西方近代哲学的舞台，而当哲学进入到了德国古典哲学时代，它却正式“出场”并演绎出自我发展的逻辑走向。

在德国古典哲学中，神秘主义与理性之间的交锋之初就存在着“对立”与“调和”的双重路径。一条路径是在康德先验哲学中呈现出来的知性对神秘主义的拒斥。康德通过对于人类认识能力的“划界”将神秘纳入本体界的不可知域中。这样，认知的现象世界无神秘，神秘的本体世界不可知；另一条路径则是耶可比通过划分“直接知识”和“间接知识”，让神秘主义成为洞悉“直接知识”的直观方式，从而为神秘主义走向理性认识开辟了“调和”的道路。费希特将康德的“先验自我”发展成了统摄一切的“绝对自我”，而当“绝对自我”真正成为设定一切的最高存在时，它却无法逃脱被神秘化的逻辑宿命，“绝对自我”俨然成了创造一切主、客观之在的上帝。同时，也让康德企图用限制认识能力而拒斥神秘的主体先验之路走到了尽头。谢林超越了费希特的主观存在论立场而转向了寻求真正意义上的主、客同一的“绝对”，而在对于神秘主义的态度上却因袭了耶可比的立场，于是我们看到谢林的“绝对同一”虽然达到了最高的超验之在，但认知“绝对”的方式却让位给了“艺术直观”的神秘，因此神秘与“直观”

在理性认识的最高阶段达成了统一，在主客观的同一中完成了理性与神秘的调和。当费希特和谢林将康德和耶可比开启的“路径”演绎到了各自的“绝对”时，最后的“综合”两条道路的任务则由黑格尔的思辨哲学来完成。黑格尔一方面批判康德坚持的主观主义和形式主义的哲学立场，从而让理性的内容进入主体之中；另一方面黑格尔又批判谢林的神秘直观，主张通过绝对理念在人类自我意识之中通过精神自我的辩证运动来揭示其中蕴含着的全部内容，从而将辩证法打造成为揭示宇宙全部“内容”的真理逻辑。结果造成了宗教一切领域的理性化，宗教成为“绝对精神”自身演绎的一个环节，基督教教义不过是对“绝对精神”内容的宗教化的神秘表达。这样，黑格尔终于在思辨哲学体系中完成了哲学与宗教、理性与神秘的终极和解，而“和解”的代价就是宗教的理性化和理性的宗教化。虽然理性主义是德国古典哲学的主基调，但我们仍然可以通过形而上学体系的整体建构、理性认识方式的演变以及理性与信仰关系的调和作为视域，揭示出神秘主义在德国古典哲学中的演进轨迹。研究这一逻辑进程不仅有利于拓宽国内学术界对于德国古典哲学研究的理论视域，而且可以帮助我们更加深入地了解西方文化中理性与信仰之间既对立又调和的内在关系。

第一章　近代德国哲学中的神秘主义传统

康德至黑格尔的德国古典哲学在理性的主基调下以“体系”的方式行进展开，然而近代德国本土哲学的主基调却是非理性的神秘主义和思辨主义。这一历史关联表明，德国哲学具有独特的思维品格与致思取向，即“日耳曼式”传统。在这里，非理性与理性并不是严格对立的，它们借助于有情感的灵魂及其神秘性的深层冲动，才使精神的反思性活动获得了理性形式的发展。通过对德国近代哲学史的考察不难发现，在德国哲学的演进过程中，非理性正是从理性本身的一个环节中发展出来的，而理性自身又隐含着向非理性发展和转化的契机。因此可以说，神秘主义赋予了德国哲学以无限的思想活力，同时也沉淀成近代德国本土哲学的非理性传统。

第一节　德国近代神秘主义哲学传统的本土生成历程

近代德国的神秘主义哲学，既是德国哲学的重要发展阶段，也是整个西方神秘主义文化的有机组成部分。可以说，近代德国的神秘主义既是当时特殊的社会文化环境的思想产物，也是经历中世纪基督教思想及其精神长期影响而潜移默化所形成的哲学传统。正是这一传统的确立，才为德国古典哲学的思辨理性奠定了思想根源。

一、神秘主义的原初形式

神秘主义，就其概念本身而言具有广泛的含义，甚至是一个既普遍使用又模糊不清的用语。但就其主要方面来看，“人们通常是以某种方式相对于宗教来定义神秘主义的”。如图根德哈特认为“它是一种宗教经验的高级形式”①。实际上，从历史发展来看，神秘主义的原初形式正与宗教相关，它本是基督教教义的一个分支，常常用来表示“个人的虔诚”，或者表示与宗教团体那种有意识、集体性、程式化的宗教生活相对的“个人宗教信仰”②。尤其是在基督教占统治地位的历史时期，神秘主义作为基督教本身的一种思想因素而得以放大，成为关于上帝的体验及相关学说。如托马斯·阿奎那认为，神秘主义就是通过“体验”来认识上帝。换言之，神秘主义的原初形式就是宗教神秘主义或神秘主义神学。

从词源角度讲，神秘主义（mysticism）源于希腊文“mysterion”，其词根为动词“myein”，意为“关闭”“闭上”，特指“闭上眼睛”③。之所以要“闭上眼睛”，是因为如果把“眼睛”停留于现象世界，满足于感官知觉，就不可能得到真理，反而陷入迷惑之中。但闭上肉体的“眼睛”则意味着必须同时睁开心灵的“眼睛”，以心灵的“眼睛”穿透流变的经验，从而直观到终极实在。于是，人通过静观或思辨

---

① 恩斯特·图根德哈特：《自我中心性与神秘主义》，郑辟瑞译，译文出版社 2007 年版，第 100 页。

② 托马斯·马丁·林赛：《宗教改革史》（上册），孔祥民等译，商务印书馆 1992 年版，第 186 页。

③ William Ralph Inge. Christian Mysticism. London: Methuen & Co,1933:4.

(theorin)① 摆脱肉体自我和现象世界的干扰，返回到精神自我和神圣世界的永恒。在这种“闭上眼睛”的私人化体验中，非理性主义顺利地渗入进来，并表现为多种形式，如无我的“迷狂”，与上帝或本体“合而为一”，“隐秘”力量的激发。因此，在这个意义上，非理性是一切神秘主义的本质特征，是各种类型神秘主义的“最大公约数”。

从原始形态来看，神秘主义普遍存在于各种宗教观念和哲学传统中。出现于公元前 7 世纪—公元 6 世纪的古希腊秘传宗教奥尔菲斯教派（Orphism）所主张的，肉体是灵魂的羁绊，需要通过“秘仪”让灵魂得以解脱。为此，教徒必须过一种“奥尔菲斯式的生活”，严格遵守包括素食、禁欲、不碰豆子等在内的教规，经过长期苦修，人就可以成为神。流行于公元前 6 世纪—公元 3 世纪的毕达哥拉斯学派是一个神秘主义团体，也是奥尔菲斯教派内部的一种改良运动，鼓吹灵魂不朽和轮回转世，提出通过神秘的禁忌及音乐活动来净化灵魂。公元前 1 世纪的思想家斐洛以犹太圣经为基础，标榜上帝在本质上是不可知的，上帝是“熟悉的神秘房客”，只有让这个“房客”住进人的灵魂，“思想被上帝神圣地拥有，而且为上帝所充满”，② 人才能被上帝启示从而经历迷狂状态，认识并体验到上帝的存在。起源于公元 1 世纪的基督教一开始就宣扬殉道传统和神秘体验，“基督教神秘主义通常宣称其经历的是‘与神合一’”③，耶稣基督及其使徒的生活传说往往都是神秘化的“奇迹”，“信”的过程就是一个与上帝不断趋近最

① “理论”（theory）一词恰恰出自神秘主义所主张的“思辨”（theorin），这似乎从词源学角度揭示了神秘主义与理性的勾连。

② The Works of Philo. Translated by C. D.Yonge. Massachusetts : Hendrickson Publishers Inc,1993 : 845.

③ W.T.Stace. Mysticism and Philosophy. London: MACMILLAN & CO LTD,1961:34.

终达致神秘契合的过程。"与自然主义的希腊罗马多神教和形式主义的犹太教不同，基督教一开始就显示出神秘主义的特点。"[①]正是通过基督教，神秘主义获得了宗教学的形态和思辨主义的形式，进而发展出神秘主义神学。尤其是神秘主义与经院哲学合流，使得神秘主义更彰显出思想的高度和思辨的深刻。

向原初形态回溯，近代德国的神秘主义传统至少应在中世纪基督教哲学及神秘主义神学中找到源头。在一定意义上，"后来的神秘主义哲学思想大都可在中世纪早期的神秘主义神学中找到雏形"[②]。克莱门受神秘宗教的影响而推崇启示的作用，认为"由于神的启示哲学家们有时也能触及真理"[③]，这种启示超出人的智慧范围，降临时犹如光明之于黑暗。伪狄奥尼修斯的著作从"肯定"和"否等"两方面划分了神学，并提出其"神秘神学"是对二者的综合。在此阶段，人们必须认识到，上帝不是知识的对象，不可知也不可说，思想和语言都不能把握上帝。他认为人们需要通过"爱与坚韧"的"苦修"，才能够以"神秘的洞见"来完成宗教的体验。[④]由此，神秘主义神学不是"学"，不是理论，而是"行"，是体验，这就表现为一种盲信的神秘主义。大马士革的约翰主张人能够通过视觉的直观而体察到上帝，但概念知识则不能抵达上帝的本质。与其执着于文字，不如求助于图像——"圣像"，这种无字的启示，象征着神秘的境界。通过直观这种可感的形象，人们的精神得以神圣化，直至与上帝融合。圣贝纳尔认为与宗教情感相分离的单纯理性并不能促进关于上帝的知识，只有

① 赵林：《黑格尔的宗教哲学》，武汉大学出版社 2005 年版，第 5—6 页。

② 赵敦华：《基督教哲学 1500 年》，人民出版社 1994 年版，第 195 页。

③ 赵敦华、傅乐安：《中世纪哲学》（上卷），商务印书馆 2013 年版，第 91 页。

④ 参见赵敦华：《基督教哲学 1500 年》，人民出版社 1994 年版，第 198 页。

虔诚的祈祷和神秘的思辨才能实现自我的“神化”，而这全赖对上帝的热爱和谦卑的态度。他用“水的溶解”来作隐喻描述“圣徒”融化在“上帝意志”之中的“神化”的过程。[①] 灵知派（Gnosticism）把上帝看成是一个“未知的”“不可理解的”“不可称名的”“隐藏的”“陌生的”“无名的”[②] 存在，主张通过神秘的启示，并使用密教传统中的炼金术等手段，就可以完成人的神秘转化与提升。苏菲派神秘主义的代表阿尔加扎里区分了知识和信仰，“对我来说，最具有神秘主义特色的东西是不能够通过研究，而只能够通过直接的体验（字面的意思是‘尝味’），通过出神的境界和通过一种精神上的改变来领悟”[③]。在他看来，对上帝信仰的坚定，不是通过所谓严密的论证而获得，只能凭借神的启示并诉诸神秘的方法（如冥想）而实现。

对此，黑格尔评价道，神秘主义是一种“纯真的哲学思想”，神秘主义者通过宗教的形式获得了真理的内容。正是由于中世纪基督教哲学及神秘主义神学的理论铺垫，加之当时流行于民间的与迷信相关的神秘主义思想，因此一种“神秘的氛围”便弥漫在中世纪以来的“德国哲学和文化”之中，直到黑格尔哲学的产生。[④] 从13世纪至18世纪，德国近代哲学表现为尚未完全成熟的状态，它正在为德国思想的“体系”形态——德国古典哲学而酝酿着。正是在这一“准备性”的过程中，各种思潮或多或少地都以神秘主义的方式提出和思考问题，在内容上“或多或少地既与基督教思想相关，又同新型的理性主义相联系，

---

① 参见赵敦华：《基督教哲学1500年》，人民出版社1994年版，第283页。

② 杰拉德·汉拉第：《灵知派与神秘主义》，张湛译，华东师范大学出版社2012年版，第21页。

③ 赵敦华、傅乐安：《中世纪哲学》（下卷），商务印书馆2013年版，第947页。

④ 参见赵林：《论德国神秘主义与浪漫主义哲学》，《学习与探索》1996年第5期。

而且在理论上和实践上都混合着理性主义和非理性主义的成分”①。因此，我们可以说，最初的神秘主义只是散落地存在于德国人民的日常生活之中，既带有中世纪基督教神学的遗传特征，又带有德国哲学从“蒙昧”走向“启蒙”的过渡性质。随着时代的发展不断积累、不断壮大，这种原初形式终于在德国本土掀起一股声势浩大的神秘主义狂潮。

二、新柏拉图主义在德国掀起的神秘主义狂潮

德国的神秘主义有着悠久的历史传统。13 世纪开始，神秘主义在德意志、尼德兰地区又广泛地流行开来，究其原因，主要是新柏拉图主义的复兴。大阿尔伯特调和亚里士多德哲学以及新柏拉图主义的倾向，很快同西里西亚地区（德国及其周边）自然哲学家的新柏拉图主义思潮相会合，“终于掀起了德国哲学界对富有神秘主义色彩的新柏拉图主义的狂热”②。

实际上，柏拉图忽视客观物质世界在获得知识方面的作用，强调一个超验的理念世界，因此他的理论中就同时包含了神秘主义的宗教因素。柏拉图的思想经过新柏拉图主义的改造，被基督教有选择地吸收了。基督教哲学将柏拉图的理念世界换成了上帝，同时指出获得上帝的启示真理的途径不是思考，而是信仰。

新柏拉图主义主要是指普罗提诺及其追随者的哲学。新柏拉图主义的最大特征就是神秘主义，这种神秘性质从普罗提诺的学说中得到最好的说明。普罗提诺发展了“柏拉图的处于萌芽状态的三一体学

① 高宣扬：《德国哲学通史》第 1 卷，同济大学出版社 2007 年版，第 23 页。
② 高宣扬：《德国哲学通史》第 1 卷，同济大学出版社 2007 年版，第 22 页。

说”[1]，提出“太一”“理智”“灵魂”的“三一”学说。普罗提诺认为，“太一”就是神，是最高的本原，它是绝对单纯的，也是绝对超越的，不能为思想把握，不能用语言名状。完满的“太一”通过“流溢”创造世界而无损于自身的至善。整个世界由“流溢”的阶段区按顺序分为“理智”与“灵魂”。“灵魂”来源于“太一”，就注定渴望回到“太一”。要达到这一目的，就必须净化“灵魂”。为此，人需要通过某种特殊的“观照”实现“出神”，体察到“太一”乃至在神秘状态中与之合一。“观照”是非的认知性，“这种与最高本原的合一超越了一切观念化的认识。由于这种合一论，普罗提诺长期以来一直被称为神秘论者”[2]。可以说，神秘主义正是贯穿于新柏拉图主义的重要特征，在这个意义上，“新柏拉图主义对后来的神秘主义有深远影响”[3]。德国的新柏拉图主义追随者们，从普罗提诺的“流溢说”出发，认为最高的“神”通过漫射出来的光而与一切存在物相沟通。因此，这些光乃是第一实体和认识的本原，“神灵的变动渗透到宇宙，并吸引着人的灵魂”[4]。于是，由于新柏拉图主义的泛滥，科学研究和神学探索，都一起陷入了浓厚的神秘主义气息中。

被称为“新奥古斯丁”的圣维克多的胡格是德国最早的神秘主义思想家，坚持神秘洞见高于理性知识，直接的把握高于抽象的论证。他认为，“一切自然的技艺，都是为神学服务的。井井有条的初级智

---

① 柏拉图的“三一”是指“一”“理智”“灵魂”三种本体论意义上的基本本体。参见范明生：《柏拉图、新柏拉图主义和基督教、早期基督教神学——东西方文化的汇合》，《上海社会科学院学术季刊》1985 年第 2 期。

② 大卫·福莱：《劳特利奇哲学史》第 1 卷，冯俊等译，中国人民大学出版社 2004 年版，第 430 页。

③ 宋继杰：《BEING 与西方哲学传统》（上卷），河北大学出版社 2002 年版，第 102 页。

④ 高宣扬：《德国哲学通史》第 1 卷，同济大学出版社 2007 年版，第 25 页。

能必然导向高级智能”[①]。基于此，他把人皈依神圣智慧的过程划分为五个阶段：阅读、沉思、祈祷、执行、洞察。他还将知识分为四大种类，即理论知识、实践知识、力学知识和逻辑知识。而这些知识实际上都是世俗知识，统称为哲学。所谓的世俗知识，本质上都是通过理性获得的。因此，哲学就是理性知识。在哲学与神学的关系上，他主张神学高于哲学。一方面，神学与哲学有交叉的部分，即神学中存在着可被理性证明的部分，这部分可以纳入哲学的理论知识之中；另一方面，神学有超出理性证明的部分，如依靠信仰和启示才能达到的教义，这部分是超出哲学的，也是高于哲学的。他强调，人们首先要学习数学和逻辑，然后才能更准确地理解神学。换句话说，人必须尽可能地学习一切，因为没有一种知识是多余的，“神秘的境界只有在穷尽世俗知识之后才能达到”[②]。他主张神学是最高的理论，这符合中世纪以来的传统观点。它主张把神学视为哲学的一个分支，这就为理性进入神学埋下了伏笔，同时也为神秘主义的理性化奠定了主基调。

大阿尔伯特被称为“全能博士”，他为了充实基督教的形而上学理论，试图通过对亚里士多德思想的再创造来解决哲学与基督教思想的融合问题。他在理性真理和启示真理之间进行了调和，用严密的逻辑推理和实证的经验研究阐述基督教的神学思想。他提出了“自然之光”和“上帝的初始之光”两种“启示”，从而提出了哲学与神学的两种认识“途径”，因此，哲学按照事物的规定性来完成认识，神学根据信仰完成认识，提出基督徒应该同时掌握哲学与神学。这样，他在基督教世界中重新抬高了哲学的地位，哲学具有了认识事物的独立

① 高宣扬：《德国哲学通史》第1卷，同济大学出版社2007年版，第19页。

② 赵敦华：《基督教哲学1500年》，人民出版社1994年版，第285页。

性，形成了“西方思想史上的重要转折点”①。

大阿尔伯特的理论综合了亚里士多德和柏拉图的学说。此后，他的学生把大阿尔伯特阐明的柏拉图主义分离出来，发展了新柏拉图主义的神秘主义的理论和实践。弗赖堡的狄德里斯解读了新柏拉图主义的观点，他认为，“太一”是上帝最初的显相，向外弥散而生成“存在”。因此，“太一”高于“存在”。

综上所述，在新柏拉图主义掀起的这股神秘主义狂潮中，主要有两大特点：一是理性为宗教服务，神秘主义高于理性；二是理性与宗教相分离，理性保持相对独立。其结果是在宗教的整体中，神秘主义和理性共同发展。于是，“当新柏拉图主义的理论在科隆兴起时，科隆所在的莱茵地区也发生了神秘主义的群众运动，教皇要求德国的多米尼克会负责指导这一运动。新柏拉图主义的理论于是与神秘主义的实践结合在一起，神秘主义者不仅是理论家，而且是身体力行的传道者。他们的领袖是艾克哈特”②。

第二节　德国神秘主义哲学传统的形成与确立

德国的神秘主义传统由来已久，可以说既是德国思维的固有特征，也是中世纪神学的自然延伸。在德国神秘主义的发展过程中，哲学与神学融为一体，而二者的契合点正是在于神秘主义。德国近代文化具有明显的反理性倾向，而神秘主义则是它们反对理性绝对化的工

---

① Gilson.E. History of Christian Philosophy in the Middle Ages, Sheed & Ward Ltd,1980:278.

② 赵敦华：《基督教哲学 1500 年》，人民出版社 1994 年版，第 356 页。

具。大多德国神秘主义者都认为：理性对于我们认识世俗世界并没有太大的帮助，只有作为直观的常识才给予我们启示，使我们理解《圣经》的完整含义。对人来说，最重要的，不是抽象的理性，而是人的生活本身。他们强调启示对理性的补充功能，只有从神秘主义的角度，才能说明启示无非就是通过自然手段赋予人的神秘告诫。他们反对把理性绝对化，批判过分夸大理性的观点，认为只有信仰本身才能有助于掌握真理。正是在这种神秘主义的浓厚氛围中，德国哲学逐步滋生了试图摆脱宗教的约束而思考人性解放的同时，又坚持人性中与自然知识不同的神秘之维的思维特质。德国神秘主义的这种特殊地位和意义，对了解思想发展史上的复杂现象是有深刻启示的。神秘主义反对将理性夸大为人的基本功能，主张在理性之外，在理性所无法理解的领域中，寻求人生幸福的出路。因此，他们虽然反理性，但又最善解人意，很细腻地探索人生的个性化的模式，相信生活的迷宫里所隐含的神秘力量。

德国神秘主义强调人性的完整性，而神秘主义是理性无法通达的人性根基。哲学在神学和科学之间探求存在的合法性，神秘主义构成了哲学合法性存在的逻辑根据。著名的哲学史家文德尔班也指出了神秘主义在德国产生了“繁茂分枝”的“深刻传统”延续至今。① 随着德国近代哲学的理性自觉，哲学从神学中逐步独立出来，但却具有了神秘主义的特质。

一、埃克哈特的“心灵之光”与神秘主义的开启

埃克哈特是将德国神秘主义哲学化的开启者。如德国哲学史家采

① 参见文德尔班：《哲学史教程》（下卷），罗达仁译，商务印书馆 1987 年版，第 476 页。

勒所指出的，埃克哈特的思想是“德国哲学的一种最初尝试，是德国精神的严谨性的首次表现”①。

埃克哈特神秘主义哲学的核心概念是“心灵之光”。“心灵之光”是上帝与人之间的中介，是人与上帝实现神秘合一的依凭。首先，“心灵之光”（向上）的根源在上帝。神性是纯粹的“无”，同时也是“一切”。它不可表达、不可捉摸、无法把握，即使它自身对自己也是不可知的。由此，上帝本身是超本质的“虚无”，同时也是超越的“存在”，为人的经验和理性所不能及。以神性为理念，上帝通过“流溢”创造世界。但这种创世作为神的自我产生、自我构成和自我显示，是一种逻辑上的同步或者时间上的同时，因而上帝的创世是神秘的，无法按照正常的创造观念与时空范畴来理解。其次，“心灵之光”本身是一种神秘理性。上帝内在于一切被造物之中，最为本质的是表现在人的灵魂之中，成为灵魂的根基——“心灵之光”或“心灵的火花”。上帝就实实在在地生活于其中，于是“心灵之光”获得了与上帝一致的属性，“它超脱于所有的名称和各种形式，就像上帝自己那样的完全超脱”②。就灵魂自身的能力（分析、愤怒、企求、记忆、理性和意志共6种）而言，这种超脱意味着，“心灵之光”“是极其隐秘的，远远超出于理性与意志之力量得以萌发而出的地方”③。因此，“心灵之光”的活动不是一般的认识活动，而是一种宗教式的灵修活动，这是“一种并不完全是哲学的活动，它需要沉思，甚至可能需要出神……这是新柏拉图主义的神秘主义，它需要哲学论证与随后的神秘实

① 高宣扬：《德国哲学通史》第1卷，同济大学出版社2007年版，第27页。
② 《埃克哈特大师文集》，荣震华译，商务印书馆2003年版，第133页。
③ 《埃克哈特大师文集》，荣震华译，商务印书馆2003年版，第172页。

践之间的一种连续性”[①]。最后，“心灵之光”向下寄寓在人的灵魂，向上又与上帝联系，最终达到合一。人在这一过程中既直观到了上帝，又拯救了自我。每个人要实现这个目标，就必须呵护好“心灵之光”，保持内心的纯洁。为此，人们必须进入一种新的伦理化生活，而不是仅仅依靠理智上的反思（知识论意义）和形式上的忏悔（宗教仪式意义）。由于人只能凭借灵魂才能与上帝合一，而“心灵之光”本身是神秘的、不可认识的，因此在“心灵之光”中实现人向上帝回归的过程也是超理性、超自然的隐秘体验，这就通过“心灵之光”的神秘性划定了理性的有限性，得出“理性绝对不可能在上帝的深不可测的海洋中去把握上帝”[②]的结论。既然理性是受限的，而且上帝也只能以否定理性的方式加以通达，那么通往上帝的方式就不是增加知识的“有知”，而是减少知识的“无知”，在神秘的无知中体验上帝并与之结合。“如果你想要以属神的方式去认识上帝，那么，你自己的知识就必须变成纯粹的无知”,[③]但这种无知并不导致缺陷，与无知作为否定性方式相对应的是，灵魂以“爱”为其特质，通过“爱”作为肯定性方式完成与上帝的神秘合一，“上帝应该在灵魂里面认识和爱他自己，而灵魂则应该用对上帝的认识去认识，应该用对上帝的爱去爱”[④]。这是神秘主义的融入，是一种宗教体验，而不是理性努力。由此可见，埃克哈特在神学的框架内将理性排除在认识上帝的神性之外，将

① Dieter Henrich, Between Kant and Hegel: Lectures on German Idealism, Harvard University Press,2008:70-71.

② 《埃克哈特大师文集》，荣震华译，商务印书馆 2003 年版，第 172 页。

③ 《埃克哈特大师文集》，荣震华译，商务印书馆 2003 年版，第 504 页。

④ 《埃克哈特大师文集》，荣震华译，商务印书馆 2003 年版，第 501 页。

神秘主义视为对理性的否定和超越，这就为近代德国本土哲学奠定了神秘主义的主基调，也开启了德国神秘主义哲学的传统。

二、库萨的尼古拉将神秘主义与认识论相结合

库萨的尼古拉是埃克哈特之后最具影响力的神秘主义思想家，也是一位新柏拉图主义哲学家。如果说埃克哈特的贡献主要是把神秘主义引入对于上帝的认知之中，那么库萨的尼古拉则进一步把神秘主义推向了认识领域。

“有学识的无知”是库萨的尼古拉认识论思想的核心，也是其以认识论方式表现神秘主义思想的重要命题。按照这一命题，上帝显示自身的方式以及人认识上帝的方式在本质上都是神秘的，认识论最终落到信仰的地基上，而“这种信仰则更为确定地是通过有学识的无知而得来”①。库萨的尼古拉从埃克哈特思想中汲取养料，也强调在神秘的仰望和心灵的直观中去接近上帝，以超理性的神秘内在性克服人在理性认识上的不足。他提出神的“最高恩赐”就是让人从“无知”中把握“最高的恩赐”，这是“理解”不能完成的。② 这里的“理解”不同于“信仰的启示”，在哲学传统中主要指概念化的思维方式和逻辑化的推理方法。在库萨的尼古拉看来，信仰高于认识、高于理性，接近上帝的根本前提是上帝的自我显示，也就是上帝出于它的恩典愿意启示自身，这就在认识论上陷入神秘主义的天启。对于上帝，人之所以是无知的，在于人的知识都是进行比较的结果，使用的是类比的方法。但比较之所以可行，乃是因为有限的被造物本身就是可比

① 库萨的尼古拉：《论隐蔽的上帝》，李秋零译，商务印书馆 2012 年版，第 57 页。
② 参见库萨的尼古拉：《论有学识的无知》，尹大贻、朱新民译，商务印书馆 1988 年版，第 167 页。

较的，它们处在一种特定比例的关联之中，具有不同的相似度，我们的认识就是根据这种相近度从确定的已知之物推至尚未确定的未知之物。由于相似度的区别，认识也就有了难易程度的区别。但上帝作为无限的绝对者或绝对的无限者，是“绝对的、纯粹的、永恒的、不可言说的真理自身”①，是超越一切有限事物之上的，他们之间的区别不是相似度的差别，而是根本没有比例可言，因此也就不能用比较的方式加以认识。我们无法按照从某一有限事物推知另一有限事物的方式，从有限事物推知无限的绝对者，因而上帝是我们无法认识和把握的。人的思想毕竟可以认识现实的世界，这是“有学识”。但是，理性必须知道自己的界限，认识到自己的无知。理性的局限恰恰在于，越来越有学识的过程也是不断产生无知的过程。从终极意义上讲，我们对于上帝不能获得最后的准确的真理性认识。换言之，我们关于上帝的知识，就是知道他是不可知的，因此只能是一种“有学识的无知”——“只有知道自己无知的人，才可以被看作有知识的人”②，库萨的尼古拉以这种素朴的形式表达其辩证法思想，带有明显的神秘主义色彩。辩证法在理性和神秘主义之间开始彰显出其存在的合理性，开启了德国本土哲学的思辨主义传统。通过“有学识的无知”，库萨的尼古拉明确了理性的界限，将神秘置于理性和逻辑之上。将上帝与真理合一，神秘主义既是理解上帝的方式，也是把握真理的途径。同时，把认识论建立在信仰之中，让真正的认识指向精神活动与上帝之间的联系，这种认识对象内在化的哲学倾向最终通过宗教改革获得实现。由此可见，库萨的尼古拉将理性和信仰分开，将理性归结为认识

---

① 库萨的尼古拉：《论隐蔽的上帝》，李秋零译，商务印书馆 2012 年版，第 5 页。

② 库萨的尼古拉：《论隐蔽的上帝》，李秋零译，商务印书馆 2012 年版，第 5 页。

自然的"有知"工具，而理性超出自然去理解上帝则会导致"无知"，神秘主义于是被保留在信仰之中，一旦将这种理论诉诸于实践，便为马丁·路德的宗教改革做好了理论上的铺垫。

三、马丁·路德"因信称义"使神秘主义回归信仰

在现代民族国家形成之前，德国的世俗政权分散，经济发展受到严重阻碍。一个分散而又软弱的德国，成为罗马教廷宰割的主要对象，成了"罗马教皇的奶牛"。在中世纪时期，天主教教皇的权力凌驾于世俗王权之上，成为了统一整个西欧的精神"领袖"，由于世俗生活艰辛，平民此生此世没有希望，都将期待放在死后的"天堂"世界中，而普通信众是否可以"罪得赦免""升上天堂"的权力就掌握在教皇的手中。极大的权力导致极致腐败的滋生，教皇通过贩卖"赎罪券"满足私人的欲求，整个社会笼罩在普遍的虚伪之中，此时马丁·路德振臂高呼，打破对于"权威"的信仰，建立起"信仰"的权威。发起了"唯独信仰""唯独圣经""唯独恩典"的因"信"称义的宗教改革运动，建立起基督新教，按照真精神来完成信仰，取消了教会的终结性作用。信仰方式的改革顺应了当时的历史潮流，而在这个过程中，德国哲学思维特质中对神秘对象的深入思考发挥了不可替代的作用。恩格斯指出："说到神秘主义，大家知道，16世纪的宗教改革和它有着很深依赖。"①宗教改革之后人们信仰的方式由外在的教堂，转到了内心之中，由外在约束成为了内心准则。马丁·路德作为新教的创始人，其思想在本质上表征的是宗教改革，而非哲学构建。他把神秘主义还原到宗教信仰领域，更多地"表现出一种信仰至上和神秘主

① 《马克思恩格斯文集》第2卷，人民出版社2009年版，第236页。

义的倾向”①。马丁·路德的“因信称义”思想，一方面排除了教会的中介作用，表现出对“善功称义”的反驳；另一方面把对上帝的信仰安放到个体的理解之中，尤其是通过一种谦卑的虔敬主义，在上帝主体化的过程中完成了信仰的神秘化。人之所以得救，靠的是上帝的恩典，而不是理性和自由意志，人在神面前只能保持绝对的谦卑，只能诉诸虔敬的信仰。于是，神秘主义顺利地回到作为个体的“我”的信仰之中。

从宗教历史来看，马丁·路德形成的是一场“宗教及精神的革命”②。他作为“最为德意志式的人物”，也是“富于梦想的神秘主义者”。③针对当时天主教曲解教义的现状，马丁·路德认为教会把上帝和信仰都对象化和外在化了，教会至上化的结果就是上帝的异化。当时的教条宣称，人要得救的前提是上帝的恩典，要获得上帝的恩典就必须行善功，而善功的多少以及凭其能否得到救赎，则完全由教会进行考察、给予确认、最终决定。由此，上帝的地位实际上是降低了，上帝与人之间的距离实际上是拉大了，上帝与人之间的关系实际上成了外在的。在这种思想指导下，教会垄断了信徒“称义”的权利，甚至滥用权威乱施恶行。这种被歪曲的信仰生活，终于激起马丁·路德的不满，并通过“因信称义”的翻转，发起了宗教思想与实践中的改革。马丁·路德把上帝拉回到人的内心之中，强调在心灵体验中我与上帝的关系，主张一种坚固的“信”。这种“信”的内在化和主观化在于非中介的直接性，即人的获救乃是基于上帝的恩典，因上帝赐予的信仰而被上帝称为“义人”，这是一种内心信仰力量的直接作

① 赵林：《论德国哲学的神秘主义传统》，《文史哲》2004年第5期。

② 埃里希·卡勒尔：《德意志人》，黄正柏等译，商务印书馆1999年版，第148页。

③ 参见亨利希·海涅：《论德国宗教和哲学的历史》，海安译，商务印书馆1974年版，第37—38页。

用，在自己的精神和灵魂中直接与上帝会合，而不必凭借教会的中介作用，也无需通过理性的工具作用。人不是因为有自由意志才信仰上帝，不是因为教会的允许才接近上帝，而是因为已蒙神恩才有了坚定的信仰，有了对神的信仰才获得了真实的自由。按照这一原则，在上帝面前，人无能为力，经验或理性都微不足道。“他借着死为我们的罪作了挽回祭，上帝在自己面前就算这为义。”[①]这一由恩而生信、由信而称义、由义而得救的逻辑，明晰地支撑起“唯独信仰”“唯独圣经”“唯独恩典”的神学主张。在这样的人神关系结构中，神是没有感觉、没有理性的绝对意志，也就是绝对自由地创造，马丁·路德称为“狂飙”——创造的风暴。因此，上帝及其恩典，即一个人何以蒙神恩典和预选，这是神秘不可揣度的。“上帝的一切作为都很难寻，也很难述说，而人的知识和能力也不能把他们发现出来。只有信仰不借人的能力或其他辅助方能把握他们。”[②]与上帝的神秘性相对应，人对上帝的信，不是一种外在的面对客体（对象）的思维关系中的信，而是内在的反省自我（主体）的体验关系中的信，这也是神秘不可言说的。上帝主体化的过程统一于信仰主观化的进程，人在神秘的信仰中直接地把握神圣的本质，既不需要权威的指导，也不依靠理性的引导，而是完全诉诸灵性即内心生活的修炼，在精神的自由中个人与上帝直接融为一体，实现神秘的人神合一。由此可见，路德将神秘主义归为个人的信仰，将神秘主义对于上帝的直接体验运用于宗教改革，是将德国已经形成的神秘主义应用于社会现实的过程，将神秘主义引

---

① 《马丁·路德文选》，马丁·路德著作翻译小组译，中国社会科学出版社 2003 年版，第 55 页。

② 《马丁·路德文选》，马丁·路德著作翻译小组译，中国社会科学出版社 2003 年版，第 129 页。

入到政治领域，从而废除了教会的权威。在这一过程中，神秘主义成了反教会、反理性、反功利的理论工具，对于宗教改革起到了至关重要的推动作用。正是由于宗教涉及社会中的每一个人，于是神秘主义就随着宗教改革而泛化到整个当时德国社会之中，这就为神秘主义的传承提供了社会化的普遍基础。将上帝主体化、神圣世俗化，同时也就把神秘主义社会化了。也就是说，路德宗教改革的结果，造成了神秘主义进入人们的信仰之中，成为人们现实精神的一部分，在客观上造成了神秘主义在德国本土的普遍化和大众化，为神秘主义传统的形成起到了极为重要的作用。马克思对宗教改革这样评价，路德“战胜了虔信的奴役”，用“信念造成的奴役制代替它”；“破除了对权威的信仰”却“恢复了信仰的权威”；“把僧侣变成了也俗人”却将“也俗人变成了僧侣”，把人从“肉体从锁链中解放出来”，的同时“给人的心灵套上了锁链”。① 这种神秘主义传统向各个领域辐射，逐步完成了神秘主义的系统化和理论化过程，它在哲学上结出的“果实”就是雅各·波墨的“神智学”。

四、雅各·波墨的“神智学”完成了神秘主义与哲学融合

黑格尔称雅各·波墨为“第一个德国哲学家”，其“神智学”思想中蕴含深刻的神秘主义，他第一次完成神秘主义与哲学的融合，构建起一套具有德国思辨特色的宗教哲学，其特点是“与宗教直接统一，产生于宗教哲学，即神秘主义。于是当培根、笛卡儿分别作为近代经验论与理性论哲学的创始人出现在世人面前时，与他们同时代的德国

① 参见《马克思恩格斯文集》第 1 卷，人民出版社 2009 年版，第 12 页。

人波墨向世人展示的则是神秘论哲学”①。

雅各·波墨把神秘的信仰启示、深刻的思辨理性与粗野的语言形式结合在一起，构成带有神秘主义性质的“神智学”。这一思想的起点是“统一”，核心原则是“三位一体”。首先，什么是神。雅各·波墨认为，神不是形而上学的不动实体，而是充满内在生命的动态存在，是万事万物保持于其中的原始状态。这种有意识的、变动着的绝对神圣的统一，波墨指出，这是超越“物质”与“精神”的“神秘主义的统一”②。其次，神怎样实现自身。雅各·波墨超越传统神学对最高本体的空洞抽象的看法，揭示神的形体化过程，也就是自我实现的过程，而对这一过程的描述是通过“三位一体”的辩证原则完成的。第一位的是圣父，是宇宙唯一的本源力量和所有力量的开端。但圣父是未走出自身的、没有变化的，这种自足性超越于所有被造物的理性，既是有限的理智所无法把握的，也是常规语言所无能为力的。圣父的尚未分化并不意味着不能分化，而是蕴含生命原则于自身，只不过尚未实际展开。这就进入到第二位的圣子。圣父为了认知自身就必须走出自身，为了自我返回就必须自我离异，于是就在自己身上进行了区分，使自身成为他者，以有形化、形体化——世界万事万物——的方式揭示自身。这一过程，就是圣父在自身之中并通过自身而产生，而产生出来的东西就是圣子，他属于圣父并在圣父之内，是一切力量的“心脏”。对圣子的核心性，雅各·波墨将其喻为圣父内心深处的光，其意蕴主要有二：一是突出圣子具有独立的位格，没有圣子，圣父就是永远的黑暗，就是沉寂的深渊，就无法创造和产生。作

① 李毓章：《德国近代泛神论繁荣的精神缘由——以埃克哈特与斯宾诺莎为中心》，《安徽大学学报》（哲学社会科学版）2009 年第 5 期。

② 邢贲思：《费尔巴哈和波墨》，《哲学研究》1981 年第 5 期。

为光，他照亮了圣父，实现了圣父有意识的自我展开，强调了生命原则的生动活泼性；二是说明圣子与圣父的同属性，圣子的独立并非另一位不同的神，而是同一个本质，正如光与光源的一体性。因此，与新柏拉图主义的流溢说的解释相一致，圣子不是受造于圣父，而是由圣父持续不断地永恒地产生。第三位的是圣灵，他是光明与分离者及力的统一，出自圣父和圣子，又回到圣父之中，充盈着整个圣父。圣灵的洋溢和沸腾，不是为了离异，而恰恰是为了返回。而作为神之肖像的被造之人，在精神中呈现着圣灵的意识，并遵循圣灵之光的指引，凭借神秘的直观通灵能力而通达神秘的境界。“当你完全出脱了造物和有形之物，变成对于一切是自然和造物等于无的时候，那么，你就在于那个永存的一，这个‘一’就是上帝自身，而且你会在内心中感觉到爱的最高美德……灵魂的至宝正在于，她由某个有进入到无的地方，所有物都是无做成的。灵魂在这里说，‘我一无所有’，因为我是完全赤裸着的；‘我不能做一点事’，因为我没有任何权力，而是像水一样倾泻出来；‘我是无’，因为我只是存在（有）的一个影像，并且对于我而言，只有上帝是‘我在’。因此，坐在自己的虚无性之内，我把荣耀归于永存的存在，并且我自己‘毫无意愿’，以使上帝可以意愿在我内的一切，上帝对于我，就是我的上帝和所有。”① 至此，“三位一体”彻底显露出神从自身出离再向自身回溯的完整循环。基于马丁·路德的“因信称义”，雅各·波墨相信我们内心世界所呈现的只是上帝在言说自身，上帝是一种神秘不可测的力量，“三一”辩证结构也充满神秘，“神智学”不过是这种辩证法的展示，是对这

① Jacob Behmen：Dialogues on the Supersensual Life，Translated by Bernard Holland. London，1901：74.

种神秘过程的完整猜度和如实描绘——“对于波墨来说，神是通过一步步自我实现而有意识地、不断地向着自我理解移动的最终之神秘。而这些，在波墨的理解，基本上就是这最终的神秘努力知晓自身的历史”①。可以说，雅各·波墨的“神智学”是哲学而非神学。原因在于它是以宗教为内容，以理性为工具，为宗教提供可理解的介入方式，这是一种以宗教为内容的哲学创造。“神智学”实质上是要完成神秘主义的理性化，而不是像以往那样将神秘主义置于理性之上，是在“三位一体”上实现了神秘主义的理性化表达，并且只有这种表达才是最恰当和最合理的。因此，“神智学”完成了思辨和神秘主义的完美融合，是思辨中的神秘和神秘中的思辨。它既让神秘变成了可理解性，又让理性的可理解中充满了神秘。所以，“神智学”不仅是在德国本土神秘主义传统上形成的最高理论样式，也打造出了德国哲学特有的思维品格——“思辨”+“神秘”。如果说雅各·波墨的“神智学”还驻足于宗教的教义之中，但已距真正的神秘主义哲学只有一步之遥，而完成这一步的就是耶可比②。

从埃克哈特到雅各·波墨思想的关联与发展，勾画了德国近代哲学中神秘主义传统形成的逻辑演进。从总体来看，德国近代哲学神秘主义的主基调是：首先，信仰高于理性，神秘主义是对于理性的超越；其次，人类的理性是有限的，神秘主义是对理性的提升；最后，神秘主义与思辨主义相契合，与辩证法相结合。在最宽泛的意义上，宗教就是神秘主义，宗教在德国文化与社会中的地位决定了德国哲学与神秘主义的内在关联；在特定的意义上，神秘主义就是信仰或情感

---

① 李英伟：《真正的德国气派——波墨思想初探》，《同济大学学报》（社会科学版）2008年第17期。

② 关于耶可比的论述，将在本文第二章与康德的对照中予以展开。

经验，这就构成了与理性的张力关系。①

第三节　德国神秘主义传统对近代德国哲学特质的塑造

对神秘对象的思考促使德国哲学形成了“从概念到概念”的思想操作，神秘主义和思辨构成了德国近代以前的本土传统，哲学和宗教、理性和信仰相互交织，相互渗透，逐步形成了德国哲学特有的思维特质。

一、神秘主义与德国哲学的超验性

神秘主义之所以能够产生，往往与哲学本身所具有的超验性相关。“超验”是对于“经验”的绝对超越，是经验所不能把握的。严格说来，古希腊本体论哲学与中世纪基督教神学的对象都具有超验性，这便导致了在超验领域中哲学的理性和宗教神秘相结合。特别是近代德国本土哲学深深地融入以宗教为对象的神学之中，这便为神秘主义的生成奠定了基础。从宗教观念和哲学传统中形成的神秘主义随着这两个世界的划分而一同发展，将“肉体”与“灵魂”区分开来，更加重视“灵魂”的世界，因此它们的研究对象都是作为超验存在的“上帝”。根据犹太圣经，斐洛提出上帝的本质是不可知的，认识上帝需要通过神秘的“启示”。这样在基督教诞生之初，便提出了“殉

① 参见王晓朝：《神秘与理性的交融——基督教神秘主义探源》，杭州大学出版社 1998 年版，第 9 页。

道”“体验”与“神迹”，并且只有通过“信”，才能趋近于“上帝”。随着基督教的发展扩大，克莱门、伪狄奥尼修斯等中世纪神学家进一步论证了如何通过神秘的“启示”与“上帝”进行沟通，在这里，“上帝”就是“超验世界”的存在。由此，神秘主义与经院哲学相结合获得了宗教形态的发展，是近代德国神秘主义传统的源头。在德国近代本土哲学之中，对超验世界的认识便由古希腊哲学中的“理性可知”转变为一种带有宗教色彩的“神秘体验”，超验世界只能通过“体验”宗教才能通达，理性只能形成经验中的知识，超验世界恰恰是人的理性无法认识的。因为人的理性认识能力最多只能形成对超验世界的“体验”。新柏拉图主义的代表人物普罗提诺为了进一步在理性逻辑中证明超验世界中的“太一”，运用柏拉图的“理念论”，在理性思维逻辑中提出了“三一体”学说。作为德国最早的神秘主义思想家圣维克多的胡格提出了通向超验世界的 5 个阶段以及在这个过程中能够形成的 4 种知识，因此，人的理性只能认识知识，而无法通达超验世界中的神，因为神学恰恰才是最高的学问，而哲学应该作为其的一个分支。而大阿尔伯特运用理性进一步深化了基督教启示的方式。在这个过程中，理性成为宗教的“婢女”，处在宗教的“神秘”之下。这一过程促进了德国的神秘主义与理性思辨之间的交互发展。埃克哈特通过“心灵之光”，认为“心灵之光”是上帝与人之间的中介，是人与上帝实现神秘合一的依凭。“心灵之光”（向上）的根源在上帝。由此，“上帝”的神性是纯粹的“无”，同时也是“一切”，它无法表达、不可捉摸、无法把握，即使它自身对自己也是不可知的。所以“上帝”本身是超本质的“虚无”，同时也是超越的“存在”，为人的经验和理性所不能及，因此，他提出人的认知之中存在神秘。库萨的尼古拉则进一步在认识领域内探寻神秘，他进一步发展了埃克哈特思想，也强调在神秘的仰望和心灵的直观中去接近上帝，以超理性的神秘内在性克服人在理性认识上的不足。提出信仰高于认识、高于理性，接近上帝的根本前提是上帝的自我显示，也就是“上帝”出于它的恩典愿意启示自身。所以，在他们看来，超验世界中的“上帝”是理性所不可知的神秘存在。经过中世纪的宗教发展，通过马丁·路德，变革了以往的信仰方式，将“圣工”的至上性变为“信仰”的绝对性，即与上帝的神秘性相对应，人对上帝的信，不是一种外在的面对客体（对象）的思维关系中的信，而是内在的反省自我（主体）的体验关系中的信，上帝主体化的过程统一于信仰主观化的进程，人在神秘的信仰中直接地把握神圣的本质，既不需要权威的指导，也不依靠理性的引导，而是完全诉诸灵性即内心生活的修炼，在精神的自由中个人与上帝直接融为一体，实现神秘的人神合一。由此可见，马丁·路德将神秘归为个人的信仰，将神秘对于上帝的直接体验运用于宗教改革，是将德国已经形成的神秘主义应用于社会现实的过程，神秘重又回归于信仰，进一步在德国本土形成了神秘主义的社会化。在理性与神秘的共同发展中促使“第一个德国哲学家”雅各·波墨的产生，他第一次完成神秘主义与理性思辨的融合，构建起一套具有德国思辨特色的宗教哲学。在德国本土哲学的形成和发展中，他们以超验的“上帝”作为研究对象，研究的目的是完成“信仰”，因此其本身就天然地拒斥理性，崇尚神秘。因此，自带神秘“基因”的德国哲学从产生之初就关注“超验”的世界，正是近代以来的德国本土哲学的这种超验性，才塑造出德国哲学本身所特有的神秘主义特质。

二、神秘主义与德国哲学的思辨性

近代德国本土哲学的另一个典型特征就是理性运用上的思辨性。

“思辨”在古希腊哲学中往往意味着思维中的“矛盾”，即使在亚里士多德的工具论中也被视为理性运用上的“应用逻辑”。但在中世纪神学中却发挥着巨大的作用，从某种程度上说，人类运用理性去理解上帝本身就应该是“思辨”的，或者说，“思辨”才是理性运用到上帝身上时的必然呈现。在基督教中，信仰“是以‘信仰寻求理解’(fides quaerens intellectum) 为基础展开的”①。因此，实现人以全部的意志、情感、理智、力量毫无保留的信仰，就需要在理性中形成通过“上帝”实现从经验世界向超验世界的通达，实现理性与神秘的弥合。早在公元 313 年罗马皇帝颁布敕令，承认基督教合法之后，教会内部便对“上帝”的位格产生了争论，公元 325 年罗马教会在尼西亚地区召开了自基督教创立以来的第一次大公教会议，会议通过了《尼西亚信经》，对“上帝”神性的一元性和位格的多元性进行了“三位一体”的论证，将“圣父”“圣子”“圣灵”三个“位格”统一于“上帝”自身。这里对于“位格”多元化的统一性论证，源自柏拉图的“理念论”。柏拉图超越了对经验自然的抽象，坚持真知的可能性，坚持普遍价值的存在，从人的本质出发，探寻世界“本原”，通过“理念”确立起了一种客观的、普遍有效的实在性，因此“定义”本身就需要具有“独立性”，“独立于”“被定义”的任何事物之外。② 因此“理念”具有逻辑先上的特性，“理念”作为世界的本原和实在，可以“分有”经验现象。因此《尼西亚信经》中对于上帝的“三位一体”证明，实质上是运用柏拉图的“分有说”来解释三个“位格”统一于一个主体(上帝)的存在论证明，从而将“理念”降为“本体”。因此“三位一体”的

① 参见溥林：《理念与光照——论柏拉图理念论对中世纪哲学的影响》，《四川大学学报》(哲学社会科学版) 2003 年第 2 期。

② 参见赵广明：《理念与神》，江苏人民出版社 2008 年版，第 57 页。

论证过程，与柏拉图的“理念论”具有内在逻辑上的一致性。不同的是，柏拉图并没有就“理念”的起源与内容进行任何完整的表述，且柏拉图的“分有”是指理念与现象之间的“分有”，且理念不可能完全分有现象，而这一点在《尼西亚信经》中论证“上帝”的“三位一体”中转变为了“上帝”可以完全地“分有”三个“位格”，这样，“理念论”在宗教的教义中完成了“理念”与“现象”的完全“分有”。虽然《尼西亚信经》中对上帝存在的“三位一体”证明运用了“理念论”的逻辑架构，但是却与其理论之间存在着内在的矛盾，因此并不彻底。在对“上帝”“神性”的一元性与其“位格”多元性的逻辑论证中，理性超越了形式逻辑所形成的确定的知识，超出形式逻辑的思维规律，从一事物的内部各方面展开思辨的理性运用。但是这种运用成为了只有少数大主教才能够掌握的真理，由于超出了形式逻辑，因此多数信众并不能明白。《尼西亚信经》虽然将三个神统一为一个神，完成了教义的统一，但是无法将神秘的信仰变为理性可以理解的内容。但是确立起了与形式逻辑不同的一种理性运用方式。

德国本土哲学家就沿用了这种思辨的理性运用方式，通过埃克哈特的“心灵之光”，库萨的尼古拉的认识论，马丁·路德的“因信称义”，再到波墨“神智学”中完成了哲学对“三位一体”的理性注释，他用思辨逻辑对理性与神秘进行调和，从“统一”出发，将“三位一体”作为核心原则，实现了“神”从形上世界中的不动实体向充满内在规定性的动态存在的转向，这样，“神”即是包含万物的“始基”存在，也是绝对神圣的“统一”。由此，波墨从辩证的原则出发，重新论证了“三位一体”。在波墨看来，作为一切的开端，“圣父”自身内部蕴含着一切的生命规定性，但并未分化。“圣父”在自身内部进行了分化，从自身内剥离并重又复归自身，这一过程中产生了“圣子”，“圣子”属于“圣父”，并包含于“圣父”之中，同时，“圣子”又是核心性的存在，它促使“圣父”可以有意识地自我展开。最后，“圣灵”是两者的统一。至此，波墨论证的“三位一体”体现出了“上帝”从自身分化，又向自身复归的整个动态过程，打破了理性与神秘两个领域的隔离。在这一过程中，他既坚持了理性又让两个分离的世界实现了融合，波墨通过理性注释合理地解释了“三位一体”。这样，“三位一体”既是宗教中的神秘信仰，又成为了理性可以理解的内容。当然波墨在这一塑造过程中依旧保持着神秘主义的色彩，但是由于思辨的理性注入，这种神秘成为了可解读的神秘，所以，辩证性就成为理性和神秘的混合体，它既体现着理性的力量，又散发着神秘的光芒。如此，德国近代本土哲学家们特别擅长于将理性作思辨运用，“思辨”成为了他们理解上帝、阐释万物的理性工具。久而久之，“思辨”中所蕴含的“矛盾”被逐步发展成为了把握最高真理的逻辑力量，并成为德国近代本土哲学另一理论特质。

三、神秘主义与德国哲学的宗教性

无论是德国近代本土哲学的超验性，还是思辨性，都与它以宗教为思考对象密切相关。同时代的西方近代哲学经认识论转向，已然将哲学的对象转向了“我思”，而德国哲学的对象依旧是上帝和宗教，正是这种哲学与宗教的深度融入，才导致了理性与神秘之间的相互渗透，并为神秘主义的发展提供了深厚的理论“土壤”。自中世纪以来，便形成了一个用理性来理解神学的传统，而在德国本土哲学中，这一传统被完好地保留下来。德国在宗教的土壤中产生出了哲学。正如海涅提出“基督教”是“德国喜闻乐见的宗教”，因此从“基督教”的发展过程中出现了“德国哲学”。[1]因此，宗教是德国哲学产生的载体。宗教作为一个信仰视域，内在充满了神秘的维度，这一维度为德国哲学确立了自身独有的宗教样式。正如维特根斯坦所说：“德国哲学不是宗教神学，但德国哲学总不由自主地从宗教的角度考虑问题，或者在考虑问题时不可回避地回应宗教问题。”[2]具有宗教样式的德国哲学不同于同时期的英国经验论哲学和欧洲大陆的理性主义哲学，它本身产生自宗教并且从没离开过宗教，因此德国哲学始终与神秘主义勾连在一起，在宗教的母体中产生、孕育、生长。因此，在中世纪“求知思辨的理性主义”与“宗教精神的神秘主义”是相互补充渗透发展的，直到 18 世纪它们才真正的产生分离。[3]

宗教是德国哲学产生的载体，因此神秘主义成为了哲学与宗教之间最为密切的纽带，这样德国哲学自身体现着鲜明的宗教性，这一特性为近代德国古典哲学的知识体系建构做好了准备。德国哲学内涵在宗教中，随着宗教的发展而发展。埃克哈特首次将德国的宗教神秘主义哲学化，“心灵之光”是其神秘主义哲学中的核心内容，它出现的向上根源在于上帝，而体现的是一种神秘的理性，最终向下寄寓于人的灵魂之中，以此达到合一，这样，人与上帝合一的中介便是人的“灵魂”。因此“心灵之光”恰恰是人的理性所不能认知的神秘存在，那么透过“心灵之光”产生的信仰过程，也成为了一种神秘的体验，这种神秘正体现出了理性的有限性，因此此时神秘主义成为了连

---

① 参见亨利希·海涅：《论德国宗教和哲学的历史》，海安译，商务印书馆 1974 年版，第 12 页。

② 维特根斯坦提出：“我没有信仰，但我总不由自主地从宗教的角度看待每个问题。”参见谢尔兹：《逻辑与罪》，黄敏译，华东师范大学出版社 2007 年版，第 2 页。

③ 参见赵敦华：《基督教哲学 1500 年》，人民出版社 1994 年版，第 17 页。

接哲学与宗教之间的重要纽带，神秘的宗教体验促进着人的理性能力的发展。此时人们将认识上帝排除在人类的理性之外，神秘主义被视为对于理性的超越。不同于中世纪神学，早期的中世纪教父，如托马斯·阿奎那、奥古斯丁等，要论证的正是神学的可理解性，认为仅仅通过“信仰”认识“上帝”是一种懒惰，并不虔诚，真正的“信仰”一定要通过理性来认识“上帝”，因此他们纷纷对上帝的存在展开了本体论的证明。而德国哲学恰恰认为人的理性是有限的，不能离开信仰领域，因此理性与宗教的沟通必然是神秘的，波墨的“神智学”中体现了德国哲学的思辨性雏形，但是他的论证依然没有离开宗教。

德国本土哲学自身具备的超验性、思辨性和宗教性的哲学特质，它既区别于近代英国的经验论以“感性”为基础的传统，也区别于大陆唯理派以“理性”为基础的传统，而成为了德国代近哲学自身的“传统”。而当英国经验论哲学陷入了“怀疑”，大陆唯理派陷入了“独断”之后，融合两派哲学并打造出未来的形而上学的任务便交给了德国古典哲学。德国古典哲学是用哲学体系来建构一个“大全性”知识形而上学，而宗教和上帝又是其哲学体系中不可缺少的组成部分。于是，哲学与宗教、理性与信仰之间的对立与调和必然出现于德国古典哲学之中，而神秘主义也再次出现在德国古典哲学之中，并在哲学家们处理哲学与宗教、理性与信仰的关系中发挥着不可替代的理论作用。可以说，德国古典哲学正是在理性与神秘的相互交织中发展形成的，因而整个德国古典哲学自产生起其内部就具有着不同于其他哲学的独特形式和内容，同时它的产生，也标志着人类社会对自然界整体、社会历史和人的精神生活的认识都进入了一个全新的阶段。

第二章　神秘主义在德国古典哲学理性领域中开启的双重路径

在德国古典哲学之前，唯理论和经验论都没有预先审查主体理性的能力就运用理性，因而导致了理性的僭越，所以他们在认识问题上囿于各自的局限，最终都暗含着走向"知识论危机"的危险。而真正要走出"知识论危机"的哲学任务就是让形而上学建立在稳固的根基之中，重新树立形而上学的权威，让新的形而上学成为一切知识的来源和基础。从德国古典哲学建构起来的形而上学形态来看，形而上学的根基要么是回到主体之上，要么则突破主体的主观性，将根基建立在主、客统一的神性"绝对"之上。这便决定了德国古典哲学对待神秘的两种态度：一是康德对于"神秘"的知性拒斥，另一个则是耶可比对于"神秘"的理性调和。正如高宣扬所指出的那样："在康德探索哲学真理的时候，耶可比所创立的'信仰哲学'和康德的'批判哲学'，成为了那个时代在哲学上所产生的一对孪生子。"①

① 高宣扬：《德国哲学通史》第1卷，同济大学出版社2007年版，第180页。

第一节　康德先验哲学对于神秘主义的理论拒斥

自中世纪以来，理性与信仰之间的关系成为了哲学与神学所共同关注的核心内容，中世纪初期基督教神学以反理性的神秘信仰为基本特点，发展到中期部分神学家试图通过理性理解上帝，探寻信仰与理性之间的同一性，产生出以理性思辨证明神学教义的经院哲学，此时哲学的思辨性与宗教的神秘性相互交织融合，哲学的发展隐藏在神学内部，德国本土哲学始终沉浸在这一传统之中。宗教神学发展的逻辑终点恰恰成为了近代哲学产生的逻辑起点。近代以来，欧洲大陆理性主义哲学与经验论哲学两派摆脱了神学的方式和语言，而按照科学的方式和语言解释哲学，但最终陷入了怀疑论的理论困境之中，这正是由于从科学出发的经验原则本身出现了内在经验与外在经验之间的对峙，此时，近代的德国古典哲学摆脱了以往哲学中按照科学打造哲学的方式，因此必须重建超越科学的“未来形而上学”的哲学使命。康德从认识方式的主观先验方面出发，重新考察人的理性的能力，确立了先验哲学，将人的思维方式提高到先验的思维方式，解决了怀疑论的危机，企图为科学找到依据。他从人类认识的界限出发，将认识的范围划分了两个领域，那就是，现象的世界和物自体的领域，同时，这一界限也是非神秘与神秘之间的界限。这样，康德哲学将神秘主义排除于人的认知领域之外，完成了认识领域和现象世界中的去神秘化。

一、“人为自然立法”完成了现象世界的去神秘化

康德通过考察人的理性，在认识领域内将神秘主义彻底剥离，他

将人认识的层次分为感性与知性，康德指出了主体“被对象所刺激”能够在“感性”中产生“直观”，当对“感性直观”进行思维时，便产生“知性”。[①] 康德认为，感性认识是认识的第一阶段，知性思维或知性概念是认识的第二阶段。感性直观阶段所形成的表象，虽然经过了时间空间的先天认识形式整理，但表象的存在依然是以偶然的方式并列或者相继的，并不能以普遍必然的方式联系起来。当进入知性认识阶段，知性可以将感性直观所提供的质料加以改造和整理，并将它们进行连接和统一，从而形成具有确定性和一定秩序的科学知识。“所以他以为，没有感性就没有对象提供给我们，没有知性就没有什么来把所提供的材料加以思维（或使这些材料成为思维的对象）。”[②] 因此，科学知识的产生必须将感性与知性结合起来，在康德看来，感性无法思维，知性不能直观。因此“感性”和“知性”构成了认识的不同阶段，“思维无内容是空的”，“直观无概念是盲的”[③]。这样，作为认识的第二阶段，知性认识能够将感性认识中形成的表象进行统一，在普遍的意识之中形成对对象的认识，此时对象就具有了主体认识上的“普遍性”，进而形成对任何主体任何时候都有效的知识。

在康德看来，知性认识具有特定的形式和方法，它们将感性的材料连接起来并使之成为对象，而这些形式和方法就是范畴。在康德看来，范畴即按照逻辑关系和一定秩序为相互一致的科学知识的“纯粹知性概念”[④]。范畴本身是空洞的，它们只有与感性直观所提供的质料

① 参见康德：《康德三大批判合集》（上），邓晓芒译，人民出版社 2009 年版，第 47—48 页。

② 杨祖陶：《德国古典哲学逻辑进程》，人民出版社 2016 年版，第 54 页。

③ 康德：《康德三大批判合集》（上），邓晓芒译，人民出版社 2009 年版，第 48 页。

④ 康德：《康德三大批判合集》（上），邓晓芒译，人民出版社 2009 年版，第 62 页。

相结合时才能构成认识的对象，这样，“当范畴综合了感性材料时，就产生了‘客观的’知识，即与认识对象一致符合的知识”①。因此，知性认识将直观中经过了时间和空间整理的复杂事物所形成的表象，思考为客观确定的对象并形成知识，所以范畴是存在于主体之中的先验知性认识形式。康德认为在自我意识的先验统一之下所作出的一切客观知识的判断总共有四组范畴，在这四组范畴中内含着十二个质量关系模态，它们是认识的纯形式，康德指出“范畴”是“先天”存在于主体中的“本源的纯粹综合概念”的集中，由于“范畴”的存在，“知性”具有了“纯粹性”，因此，“范畴”是在“直观杂多上理解客体”的重要概念。② 康德将这四组范畴分为两部分，质与量的范畴称为数学的范畴，与直观对象相关；关系与模态的范畴称为力学的范畴，与对象的客观存在方式、彼此关系及与主体的关系相关。“这就使自然科学中（当时主要是以数学和力学为基础的机械论自然观）相互冲突或同时并用的各种方法都得到了一个系统的安排，被归结到一个共同的根源即先验自我的综合统一活动上来了。”③ 因此，主体利用知性思维的先天形式便能够认识直观中的复杂事物，可以思维直观中的对象，为概念作用于表象提供平台，从而解决异质性的问题，形成科学知识，因此由这四组范畴统摄着现象界所有的规律和法则。所以整个科学知识即分为量的科学、质的科学与关系的科学，所以科学的法则存在的根据恰恰在于先验主体自身。

当思维层次进入到先验立场中，现象界中所有的关系都可以归结为清晰明确的法则。在知性领域内的四组范畴的统摄之下，人主体具

---

① 杨祖陶：《德国古典哲学逻辑进程》，人民出版社 2016 年版，第 58 页。

② 参见康德：《康德三大批判合集》（上），邓晓芒译，人民出版社 2009 年版，第 65 页。

③ 杨祖陶：《德国古典哲学逻辑进程》，人民出版社 2016 年版，第 57 页。

有知性的认识原则，因此在人的世界中才存在法则、拥有科学。由于客观规律是由主观所建立起来的，是由人主体按照四组十二个范畴，在知性领域内设立的一套法规，用这一套法规去捕捉人们的经验中出现的感性知觉、印象，并对他们构成对象，这样就形成了对“客观世界”的规律性把握——这个“客观世界”实际上并非真正的自在之物的物自体世界，而正是现象界，在人主体能形成知识的范围内，它是一个可以认识并充满秩序的世界。这样，人主体才能够将偶然的不确定的流动世界，看作一个必然的有秩序的确定世界。因而整个现象界都在普遍必然法则的统摄之下，它们的运动变化发展都是按照它们内部固有的规定性有序运行，按照它们自身的理性秩序发展，这些规律也成为了现象世界存在的根据。因此，现象界中的万事万物都受到法则的控制，都要符合自然规律，现象世界中没有不符合规律的事物存在，它们的变化发展都是按照固有的规律展开。在康德看来，只要对象能够在时空中显现，那么主体就一定能够对它形成科学，因此在他的先验哲学内现象界中只存在主体还没认识到的未发现的领域，而不存在主体无法认识的对象，因此这种“未知”并不是神秘，这样，人主体看到的万事万物，在千变万化的现象世界完成了从偶然的混乱走向必然秩序，在有秩序的确定世界中，不允许任何神秘要素的存在，因此，神秘自然消失于现象界之中。

二、“上帝成为道德公设”完成了信仰世界的去神秘化

康德在实践理性过程中公设的三个命题，恰恰是构成以往宗教神学的三个支柱。这样，人通过道德的理性法则不但认识了“上帝”，也认识了人自身，康德完成了神学人本化的过程，他通过人的道德实践理性需要，“公设”出了以往的信仰对象，用理性法则的推理实现

了对“意志自由”“上帝”和“灵魂”的道德化理解，消除了信仰对象的神秘性。

康德指出，在现象界内，人主体具有先验的感性和知性的认识能力，可以对现象界中的一切有限的对象形成知识，属于理性的知性认识功能即理论理性。当认识跨越知性认识的界限，进入物自体领域之中，对绝对无限的对象进行思考的时候，理性的能力会从知性判断进入理性推理层次，因此这里属于理性的意志功能即实践理性。康德指出，我们人的理性能力中存在认识的界限，因此只能对现象界形成知识而无法越过界限去认识物自体领域，只能通过实践(伦理学的范围)的方式去作用于物自体，在此康德首次将实践引入哲学，提出了主体存在的两个领域，分别是自然存在和理性存在。现象界属于必然领域，在这里，理论理性的法则“为自然立法”，由于人身处自然之中，因此现象世界中没有自由可言。当进入到物自体的领域内形成“实践理性的法则”克服自身欲求按照理性法则行动的时候，才能产生自由。因此理性法则是在于为人类的欲求能力颁布一条先天规律(法则)。当“条件”具有对主体意志有效的“客观性”，那么此时的原理就称为了“实践的法则。”[①] 自然法则本身具有必然性，而理性法则是人应该遵守的法则。所以，自然法则与理性法则分别在两个领域内发挥作用。因此，纯粹理性在认识领域中（运用先验的认识形式）告诉人一个对象“是”什么，而在实践领域中则告诉人一个“行为”是怎样，这正是人类理性的两种功能。康德指出，人主体自身具备不同于自然规律的价值世界，因此人有自由，实践理性正是存在于自由的领域中，在这一领域内的法则，就是“实践规律”即道德律（道德

① 参见康德:《康德三大批判合集》(下)，邓晓芒译，人民出版社 2009 年版，第 31 页。

法则），提供的是“德行法则的普遍法则”[①]。在康德看来，正如自然规律之于自然事物一样，道德律对一切有理性者都适用，具有客观的普遍性。他提出，自由是道德的“存在根据”而道德法则正是自由的“认识根据”。在康德看来，“自由概念”是“一种不被任何感性条件所战胜的”“完全独立于这些条件的规定根据”[②]。因此，自由与必然的自然规律相对，没有任何经验质料，它恰恰存在于价值与尊严的领域内，人们无法认识自由，而只能思想自由，这样，道德法则的存在通过自由来确定。在康德看来，“道德法则”与“自由”是相互“引证”的[③]。因此如果没有自由，人类就无需为自己的行为负责，将不存在道德。康德不同于以往伦理学中不区分自然法则与道德法则，使道德法则与必然规律发生混淆，从而否定了自由，康德提出区分两个法则，以意志自律来结合自由与道德法则。这样，道德律中便内含着人的意志动机与行为效果两种方式，此时便会产生实践理性的二律背反——动机与效果的分离，即“德行”与“幸福”无法统一。康德指出，“德行的准则”与“自身幸福的准则”具有不同的“性质”，它们在同一主体中互相“限制”。[④]康德指在实践中做善事的人不断要求自己的心灵本身也是幸福的，而且要求现实中这个人也必须得到好报，也就是在现实中他也应该享受幸福。德行与幸福的某一单一方面的实现绝不能达到“至善”，而是要通过“德行”和“幸福”的统一来完成。在实践领域中，康德通过对两个世界（理智与感觉）的关系阐释，进行了理性的公设。

---

① 康德：《康德三大批判合集》（下），邓晓芒译，人民出版社 2009 年版，第 45 页。

② 康德：《康德三大批判合集》（下），邓晓芒译，人民出版社 2009 年版，第 43 页。

③ 参见张志伟：《西方哲学史》，中国人民大学出版社 2012 年版，第 410 页。

④ 参见康德：《康德三大批判合集》（下），邓晓芒译，人民出版社 2009 年版，第 125 页。

在康德看来，主体向往作为“至善”的无限对象，这是由于人的理性敬重道德法则而产生的。康德指出，在现实中，“通过道德规律来规定意志的必然客体”，即“至善”[①]。康德在实践理性中提出了“意志自由”“灵魂不朽”和“上帝存在”的理论假设，以完成道德法则而成立的“至善”。康德公设“意志是自由的”，人虽然存在于自然之中，但是人的行为却不会完全按照自然科学的支配，这是由于人的理性能够控制自己的行为。在理智的世界中，人们可以依据道德法则决定自己的选择，因此人的“意志”拥有“自由”的能力，这是由于意志它总是会受到一个人的欲望和感性的限制，因此意志属于实践理性，它既可以追求一个至善，同时也可以沉迷于物欲之中。这样，自由的意志始终在“至善”和“欲望”的两极之间来回游走，它会常常受到欲望的诱惑，导致有些人既做好事也做坏事，但是因为意志是理性的，所以它一定有个目标，这个目标就是理性要追求的“至善”，所以它必然会向上走。否则意志将成为一个固定了的“善”或者“恶”的法则，沦为必然。那么由于法则的限制，伦理学将丧失根基，因为必然之中并不存在伦理的问题，因此实践理性将“至善”作为它的最高理性。人类的理性是有限的，无法达到“至善”的无限绝对，所以必须公设“灵魂不朽”，“至善”才具有实践中的可能性。因为康德认为只有灵魂才是能够摆脱肉体的束缚，灵魂和意志的区别就在于灵魂可以完全摆脱肉体而单独存在，因此康德指出，灵魂是纯洁的。进而康德提出，我们追求“至善”，就必须相信灵魂存在，然后追求灵魂，这样灵魂才能不朽。因此灵魂不受任何欲望的牵绊，这样，灵魂便成为是善良意志的灵魂，成为达到“至善”在实践上的可能性。“灵魂”

---

① 康德：《康德三大批判合集》（下），邓晓芒译，人民出版社 2009 年版，第 134 页。

的提升表现为“人格”的进步。“灵魂不朽”是通过对“一切感性欲求和外在满足的超越”和“责任化”在道德行为中得到“意义确证”①。为了确保“德行”与“幸福”可以同时实现，我们必须公设有一个“上帝”使这两个世界能够协调一致。在此“上帝”不再是以往哲学与神学中的认识对象，而成为了按照理性的法则必然公设的对象。

虽然康德在实践领域之中公设了上帝、灵魂与自由等理念，但“公设”并不等于这三个理念是可以被认识的，更不等于康德在道德领域中默认了“神秘”。“公设”的目的是满足人们现实之中道德实践的需要，是解决人们在道德实践中会不可避免地遇到有限和无限、德性和幸福等现实道德问题。正是出于对这些问题的解决，我们才在信仰中公设了它们的存在。因此，康德对于“神秘”的态度是一致的，即在认识领域将“神秘”排斥在人们的认识之外而予以拒斥，而同样在道德领域仍然没有神秘的可隐身之域，上帝不过是出于道德公正的实践需要而不得已而公设之。

三、康德先验哲学中理性与神秘的“决裂”

在先验哲学体系中，“先验”就是与“经验”的形成有关，通过对于人类“经验”的分析之中发现构成“经验”的先天认识结构是什么。因此，“先验”离不开“经验”，先验哲学本身就是要用人的主体之中的先天存在的认识结构来为“经验”和“科学”寻找根据，它是用主体之中认知“形式”的明确性来保证“经验”的清晰性和科学知识的

① 张政文:《关于上帝之在的对话——论康德“批判哲学”的神学观》,《求是学刊》1996 年第 4 期。

普遍必然性，所以说，康德的“先验”本身的目的就是用主体的认识结构来“拯救现象”，将现象界确立为可认识的、非神秘的世界，而将本体界确立为不可知的、神秘世界，即可知之域不神秘，神秘之域不可知。康德认为我们的感性与知性在认识领域发挥作用，现象界的有限对象能够在时空中显现，因此人们在认识领域内可以通过感性直观对现象世界中的物形成认识，通过知性先验的范畴去对质料进行判断综合形成知识，把握自然中运动发展的规律。而当知性的范畴越过现象世界中的有限对象，去思考物自体（自在之物）的世界中无限的对象时，人的认识界限就会在此时出现。康德指出，知性中的四组范畴正是人类认识的界限所在。在物自体世界中，理性的对象不在时空中显现，因此它没有任何经验的依据，此时知性范畴对于它们的认识便会形成两种互相对立的理论同时成立的情况——“二律背反”，四组范畴对应四组二律背反，因此康德指出这既是物自体的界限，同时也是人的认识的界限。在人的认识能力中知性的范畴只能对在有限的时空中显现的对象形成确定的知识，而当知性范畴越过认识的边界，试图认识理性的对象（无限的对象）时，就会形成不确定的知识。因此，在认识领域中没有任何神秘的要素存在，这是一个必然性存在的领域。在实践理性的领域中，是一个自由的物自体领域，在这里，感性与知性无法形成知识，因此，这里存在的无限对象本身，恰恰是神秘的，因为人先天的认识形式无法对它作用形成知识，一旦作用就会产生逻辑的幻象，因此认识主体便不能对它形成知识。在康德看来，我们就永远不能追问它到底是什么，因此他提出，“自由”“上帝”“绝对”这些无限的对象本身的内容，是人永远无法认识的，它们正是神秘之域中的三个认识对象。但是，人可以通过理性的推理，来对无限的对象进行“公设”，因此，康德对宗教的处理是将宗教作为了道德形而上学的公设，将宗教视为人的认识之外的东西，所以人对它不能形成知识，康德用伦理公设来处理宗教中的信仰对象，用理性的推理推出神秘的对象。这样，康德划分了两个领域，将神秘主义剥离于人的认识领域之外。康德在知性和理性之间划了一条界线，把理性和理性的对象，都推到了神秘之域中存而不论，因此在理性领域内的对象是我们无法形成认识的神秘存在，但是我们可以对它订立法则。在康德看来，理性的对象不是认识的对象，因此在实践理性中即在道德领域内我们可以自己树立法则，因此道德律令虽然不同于自然科学，而我们依然承认它的普遍必然性，因为这一普遍必然性是我们通过理性自己设立的。正是由于人有理性，人才能够为自己颁布法则，这样，人才是自由的，因此在这个领域中人才能达到绝对即“至善”。

理性与神秘的决裂在康德哲学中主要表现在两个方面：一个是认识理性，一个是实践理性。一个是必然的世界，一个是自由世界。必然的世界中康德用划界的方式将神性与辩证理性推至本体界。这样，康德虽然拒斥了神秘，但却是相对的，有条件的，因为它只是以知性驱除神秘，而却承认了神秘与理性属于同一个本体之域。同时，在实践理性中康德将自由意志视为道德的基石，但却将自由意志为什么是自由的问题归结为不可知的本体界问题，正是因为这些带有本原性的问题一经追问，便会踏入理性或本体的神秘之域。所以说，康德在实践理性中拒斥神秘也同样是有条件的和相对的。而德国古典哲学不会停留在“相对”的基础之上，当形而上学突破“相对”进入“绝对”时，理性和神秘又会出现在形而上学的建构之中。

第二节 耶可比“直接知识”中的神秘主义

与康德同一时期的另一位哲学家菲特力·亨利·耶可比[①]他从人的认识对象的客观内容出发，即知识的内容本身出发，提出人的理性认识所形成的知识都是有限的知识，因此，无限的知识是人所无法认识的。因此，他对启蒙运动和理性主义持批判的态度，在他看来，理性本身是空洞无物的，因此他认为如果运用理性认识“上帝”，那则是对“上帝”的贬低，因为人一旦运用理性，便是将“无限”贬低为“有限”。在他看来，与神秘相结合的“信仰”“直观”才是获得那更高的知识的唯一路径，“神秘的启示”与理性相结合的时候才能够弥补理性的空洞性，此时“自由、道德、神的知识、智慧和艺术才能够显示自身，积极地出现”[②]。

“耶可比的哲学是和康德的哲学同时代的。两者的结果大体上是相同的，只是出发点和进展的过程有些地方彼此不同。”[③]耶可比的结论与康德相同，他们都认为认识只能够认识有限的事物，获得有限的知识，当人超越现象，超越有限的知识去获得那更高的知识，康德认为此时理性就会形成幻象的逻辑，无法真正地认识“物自体”；而在

① 耶可比：德国文学家、哲学家，在哲学方面，他是康德的反对者。他与同时代的莱辛、门德尔松、费希特、谢林、歌德等多人都有所通信、交往、争论。他对启蒙运动和理性主义持批判态度，认为以理性认识上帝、则将上帝贬为有限之物，而理性主义亦将走向机械论、命定论、无神论。

② Jacobi Friedrich Heinrich. Schriften Zum Transzendentalen Idealismus. Hamburg: Felix Meiner Verlag,2004:404.

③ 黑格尔：《哲学史讲演录》第4卷，贺麟、王太庆等译，上海人民出版社2018年版，第245页。

耶可比看来，当我们要获得那更高的知识的时候，必须要通过神秘的“信仰”或“虔信感”来完成。因此他处理神秘主义的方式不同于康德，他反对康德哲学中的理智主义（intelectualisme），认为理智主义其实是“某种缺乏冲动的”“过多批判的精神的产物”。在耶可比看来，有限的知识正说明了人的理性无法对无限形成知识。他提出，对这种精神的批判应该诉诸某种“感性的非批判的”“反理智的内在性”。“在这种感性之中，可感物和被感觉之物，作为世界对象而重新会合”这被耶可比称作“理性”，也称作“情感”或者“信仰”，“用来反对知性的彼此分离的中介性”①。在他看来，神秘的“信仰”可以真正的“揭示”自身与外界的一切存在。他提出：“哲学的任务，就是把这种信念从知性之中解放出来，从而让这种信念能够‘揭示生存’。”② 耶可比是第一个将斯宾诺莎哲学传入德国本土的哲学家，他自身的哲学也深受斯宾诺莎哲学的影响，并且费希特、谢林乃至黑格尔哲学都受到了斯宾诺莎哲学的影响，他们的形而上学体系建构中也都包含斯宾诺莎实体一元论哲学的影子。“如果人们全面地考察谢林的整个哲学生涯，就会认识到，‘同一性哲学’在谢林的哲学发展过程中具有重要的积极的意义，最简单地说就是，它继承并发挥了斯宾诺莎哲学的全部真理，并促使谢林决定性地克服了费希特的主观唯心主义，为谢林本人和黑格尔的绝对唯心主义开辟了一条通坦的大道。”③

---

① 贝尔纳·布尔乔亚：《德国古典哲学》，邓刚译，人民出版社 2013 年版，第 88 页。

② 贝尔纳·布尔乔亚：《德国古典哲学》，邓刚译，人民出版社 2013 年版，第 88 页。

③ 先刚：《哲学与宗教的永恒同盟——谢林〈宗教与哲学〉释义》，北京大学出版社 2015 年版，第 3 页。

一、斯宾诺莎哲学对耶可比及德国古典哲学的重大影响

近代以来，知识论成为哲学的核心内容。知识论是逻辑学意义上的对“知识何以可能”的先验分析，以此来确定知识的最终根据。因此近代哲学将目光从“某物存在”转到意识领域的“认识到某物”，从而发生了“认识论转向”。唯理论哲学家斯宾诺莎按照几何学的方法建构的直观知识体系，通过耶可比哲学进入德国，黑格尔指出，用“严格性”和“效用性”来攻击“理念”是“德国启蒙思想”的特征，因此，“德国的启蒙思想”抛弃了“沃尔夫哲学的方式”的同时“保留了这种哲学内容”，此时的形而上学“降低到空洞的地步”。黑格尔认为“直到耶可比才出乎意料地回想起一种完全不同的哲学内容”，这种哲学即斯宾诺莎的哲学，耶可比把“对于外在的、有限的事物”，以及对于“神圣事物的信仰（纯粹直接的确信）”，与“认识中的绝对”完全对立。在耶可比哲学中，“信仰”即“理性”；认识的“中介”即单纯的“理智”。① 斯宾诺莎思想的传入对德国古典哲学从费希特到谢林再到黑格尔的理性演绎体系的建构有着重要的影响。为德国哲学向更深层次思考，解决现实对哲学提出的问题以及哲学自身所面临的问题，对整个西方古典哲学进行总结和概括奠定了一个重要的研究基座。“长期以来，人们在考察德国古典哲学发展进程时，都不同程度地忽略了斯宾诺莎对这一发展进程的决定性影响，即斯宾诺莎主义正是德国古典哲学从以费希特为代表的主观化倾向转变成以谢林为代表的客观化倾向的具有决定性意义的精神因素。”②

---

① 参见黑格尔：《哲学史讲演录》第 4 卷，贺麟、王太庆等译，上海人民出版社 2018 年版，第 241—242 页。

② 俞吾金、汪行福、王凤才、林晖、徐英瑾：《德国古典哲学》，人民出版社 2009 年版，第 34 页。

作为唯理论的哲学家，斯宾诺莎的哲学特征在于他没有把整个宇宙看成是不发生任何联系的个别事物的堆积，而是将他们看成一个有机的系统。“这种认识论不是以个别对象或个别现象作为研究的中心，而是以个别对象或个别现象所构成的整体或系统作为认识的中心，它否认那种以个别事物或个别现象本身来进行鼓励研究和认识的实物中心论观点，而主张把个别事物或个别现象当成它们所构成的那个整体的体现者来认识、把事物当作它们所隶属的那个系统的一个部分来加以揭示的系统中心论观点。”① 斯宾诺莎在他早年和青年时代曾受到三个方面的影响，即“中世纪的犹太神学和神秘主义、文艺复兴时期的自然哲学及笛卡尔的新哲学。但这三方面的影响对于斯宾诺莎来说并不是均衡的，其中主要的应当说是笛卡尔的新哲学”②。因此，斯宾诺莎哲学首先是从对笛卡尔的批判开始的，在他看来，笛卡尔将“我思”作为哲学的出发点，这本身就是要受到质疑的。一方面，作为哲学的出发点的内容，必须清晰明确，而笛卡尔的“我思”是通过对经验事物的怀疑和反思得到的，并非直接认识到的内容；另一方面，本就不够清晰的“我思”中无法推出上帝。因此，既不同于经验论以“被创造的事物”为哲学出发点，同时也区别于笛卡尔的“我思”，斯宾诺莎阐明了自己哲学的出发点，他要以第一性的东西作为哲学的出发点，提出了“神”是哲学的真正的出发点，斯宾诺莎指出“神即自然”“万物的生成变化皆遵循自然永恒的秩序及固定的法则”③。这种观点被称为“泛神论”，认为大自然中的一切客观存在物中也都体现着神性，在这里，自然既是原因同时也是结果，在自由的同时又服从

① 洪汉鼎：《斯宾诺莎哲学研究》，中国人民大学出版社 2013 年版，第 180 页。
② 洪汉鼎：《斯宾诺莎哲学研究》，中国人民大学出版社 2013 年版，第 123 页。
③ 斯宾诺莎：《知性改进论》，贺麟译，商务印书馆 1960 年版，第 21 页。

着必然的法则，“既是创造者也是被创造者”[1]。这样，自然本身就是二元的存在，斯宾诺莎提出了实体、属性和样式三个范畴来说明这一存在，“实体”的存在不以他物为前提，具有自因性；“样式”属于“实体”的另一种“状态”的存在，需要通过其存在“状态”的“物”而被认识；“属性”，是“构成实体本质性的东西”[2]。可以看到，“实体”与“样式”之间的关系是自存物和依存物之间的关系，也就是，实体是在自身内并通过自身而被认识的东西，而样式是在他物内并通过他物而被认识的东西，而属性则是被理解的实体的本质自身。在斯宾诺莎看来，只有自然才是独一无二的实体。他指出，独一无二的实体拥有着无数的属性，对于人来说只能把握到其中的思维和广延两种属性，按照实体的这两种属性，占有思维属性的样式就称为了观念，而占有广延属性的样式就称为了事物，这样，笛卡尔的物质实体和精神实体就被斯宾诺莎同时纳入到了一个实体中，成为了一个实体中的两种属性，并且它们形成了两种样式，完成了“实体二元”到“属性二元”。由此，心与物之间的关系从两个实体之间的对立转化为了两种属性之间的关系，在一个实体中的两种属性，在斯宾诺莎看来具有着内在的协调一致性，这种内在一致性是一种超越经验的内在一致性。因此，它不会受到经验事物的影响，即“一体两面”。这样，斯宾诺莎将笛卡尔两种实体在经验中的协调一致上升为超越经验，先于经验世界中的内在同一。斯宾诺莎哲学在形式上完全按照欧几里得几何学的模型来建立哲学体系。因此他将唯理论的思想推向了系统化和体系化，既解决了笛卡尔留下的难题，又影响了莱布尼茨的前定和谐理论

① 赵林：《西方哲学史讲演录》，高等教育出版社 2009 年版，第 280 页。

② 斯宾诺莎：《伦理学》，贺麟译，商务印书馆 1959 年版，第 3 页。

的产生。“众所周知，斯宾诺莎是荷兰著名的哲学家，他和莱布尼茨是同时代人。在某种意义上说，它们的思想是互补的。”①

德国古典哲学形成时期有着特定的文化背景，不仅包括法国启蒙运动和法国大革命，还有路德宗教改革以及牛顿的物理学和英国经验论、莱布尼茨 - 沃尔夫哲学传统、莱辛和赫尔德的启蒙思潮、歌德等人的“狂飙突进”运动都对其形成提供了丰富的思想资源，而其中“荷兰哲学家斯宾诺莎的宗教、哲学思想对德国古典哲学发展进程起到了重要的作用”②。斯宾诺莎按照几何学的方法完成了唯理论哲学体系的建构，在其中实体、属性与样式在先验的领域中形成了内在协调的一致性，完成了“一体两面”的体系建构。耶可比站在斯宾诺莎的哲学立场提出，“知识”是对于“有限事物”而形成的，因此，“一般的知识”都仅是“有限事物”之间的彼此互为条件而产生的“思想进程”，一般的知识自身就具有“有限性”。耶可比在斯宾诺莎的第三种知识即“直观知识”的基础上提出了“直接知识”的概念，在这里，它们都是包含着推理的理性知识，在耶可比看来，斯宾诺莎的前两种知识，想象与理性都属于间接知识，也就是科学知识，可以认识有限的物，形成科学，而第三种直观知识，恰恰是掌握“无限、真理和上帝”的理性的知识，间接知识中的有限性无法掌握直接知识中的无限性。就只是本身而言，通过别的物的“中介”来说明事物的过程只是“间接的过程”，这样的知识本身必然包含“特殊性、依赖性”，因此这种知识是属于“机械联系之中”的“有限的知识”，而那更高的知识，

① 俞吾金、汪行福、王凤才、林晖、徐英瑾：《德国古典哲学》，人民出版社 2009 年版，第 34 页。

② 俞吾金、汪行福、王凤才、林晖、徐英瑾：《德国古典哲学》，人民出版社 2009 年版，第 6 页。

是关于“无限、真理和上帝”的知识。[①] 斯宾诺莎的哲学体系成为了之后从费希特、谢林到黑格尔哲学的体系建构的初始萌芽。“斯宾诺莎关于想象、理性和直观三种知识或认识方式的区分，为后来的德国古典哲学的感性、知性和理性三种认识能力的区分奠定了基础，并由此发展出哲学理性思维高于一般科学知性思维这一今天值得我们再次注意的观点。”[②]

在耶可比与门德尔松之间发生的“关于泛神论的争论”[③] 之后，尽管此次争论并没有得到具体的结果，但是它对当时的文艺界和哲学理论界产生了巨大的影响，并且耶可比的哲学思想也因此而发展出来。[④] 因此在德国引起了理论界的巨浪。对此歌德提出，是斯宾诺莎的哲学在他的整个思想中起到了“决定性的”影响。[⑤] 谢林在《近代哲学史》中将耶可比哲学称为神智学，他指出：“耶可比亲口承认，他发现那些纯粹唯理论体系的知识是无比强大的，从他的科学的认识来看，他本人只能称为一个斯宾诺莎主义者。真的，从来没有哪个哲学家像耶可比这样，承认纯粹唯理论——如你们所知，我这里指的不是一种专门的神学思想，而是一种哲学思想。”[⑥] 因此，通过耶可比，斯宾诺莎哲学思想引起了德国思想的关注，可以说斯宾诺莎哲学的体系中正暗含着后来德国古典哲学家的理论体系结构的萌芽。海涅

① 参见黑格尔：《小逻辑》，贺麟译，商务印书馆 2014 年版，第 154 页。
② 洪汉鼎：《斯宾诺莎哲学研究》，中国人民大学出版社 2013 年版，第 432 页。
③ A.B. 古留加：《德国古典哲学新论》，沈真等译，中国社会科学出版社 1993 年版，第 45 页。
④ 参见黑格尔：《哲学史讲演录》第 4 卷，贺麟、王太庆等译，上海人民出版社 2018 年版，第 246—247 页。
⑤ 参见歌德：《歌德自传：诗与真》，刘慕斯译，人民文学出版社 1983 年版，第 667 页。
⑥ 谢林：《近代哲学史》，先刚译，北京大学出版社 2016 年版，第 201 页。

指出："谢林先生借用斯宾诺莎的东西要比黑格尔借用谢林先生自己的东西来得多。""我们今天所有的哲学家，往往自己并不自觉，却都是在透过巴路赫·斯宾诺莎磨制的眼睛在观看世界。"[①]"如果人们全面地考察谢林的整个哲学生涯，就会认识到，'同一性哲学'在谢林的哲学发展过程中具有重要的积极的意义，最简单地说就是，它继承并发挥了斯宾诺莎哲学的全部真理，并促使谢林决定性地克服了费希特的主观唯心主义，为谢林本人和黑格尔的绝对唯心主义开辟了一条通坦的大道。"[②] 黑格尔指出"近代哲学的要点"即"斯宾诺莎哲学"，而且他进一步强调，"要么是斯宾诺莎主义，要么不是哲学"[③]。在黑格尔看来，"斯宾诺莎主义扬弃了两个极端的这种独立性，两个极端都变成了唯一的绝对本质的环节"[④]。

二、间接知识与直接知识的界限

在耶可比看来，"间接知识"是有限的内容，由于人是理性的存在，因此，理性可以形成更高的知识即关于"上帝的知识"，即"直接知识、信仰"[⑤]。耶可比认为，在思维与实体之间，实体是思维的源泉。他的侧重点没有在人的主体认识能力上，而是与康德不同，他从人的认识方式的客观对象知识方面出发。他认为纯粹理性只是单纯而

---

① 张玉书：《海涅选集》，人民文学出版社 1983 年版，第 103—104 页。

② 先刚：《哲学与宗教的永恒同盟——谢林〈哲学与宗教〉释义》，北京大学出版社 2015 年版，第 3 页。

③ 俞吾金、汪行福、王凤才、林晖、徐英瑾：《德国古典哲学》，人民出版社 2009 年版，第 35 页。

④ 黑格尔：《哲学史讲演录》第 4 卷，贺麟、王太庆等译，上海人民出版社 2018 年版，第 102 页。

⑤ 黑格尔：《小逻辑》，贺麟等译，商务印书馆 2014 年版，第 155 页。

机械的形式，因此我们所能够形成的知识都是有限的东西。通过对知识本身内容的探寻，他指出人能够形成知识的，只能是有限的东西。耶可比提出，当人对事物形成知识的时候，往往从“它最近原因”进行“推究”，因此说明的仅是“自然法则”与“机械的因果关系”。[①]他提出，我们得到的知识只能是通过互为条件的因果性的追问，故知识本身就是有限制的。耶可比指出“有限知识”的产生是理性能够通过“分析”“联系”“判断”“推论”和“反思”而进行的活动，因此，“不断向前的联系”是“理性”的“一般性职务”，“按照必然性的规律进行联系”是“理性”的“思辨的职务”。在耶可比看来，“理性”本身即有限制的事物，因此现实的都是自然之物的变化性与多样性。但是在其中并不包含有“任何真实的开始（宇宙的开始）”以及“客观存在的实在原则”。[②]因此只有追求超越了有限性内容的知识，才能获得绝对的没有限制的更高的知识，这种有限知识本身就具有条件性的规定。在“有条件的观念”与“无条件的观念”之间，“无条件的观念”是“前提与基础”。[③]耶可比从人的认识所形成的知识内容本身出发，提出我们能够形成的知识都是具有有限性的“间接知识”，因此那没有限制的绝对知识不在有限制的“间接知识”之中。因此，当我们试图把握更高的知识，即“上帝”时，其结果一定是将“上帝”的存在从有限性中解放出来。在耶可比看来，如果用知识的内容去把握“上帝”，那么“上帝”必将成为有限的存在，因为一切我们所知道的知

---

① 参见 Kahlefeld Susanna. Dialektik und Sprung in Jacobis Philosophie.Würzburg: Knigshausen & Neumann Gmb H Verlag,2000:78。

② 参见 Jacobi Friedrich Heinrich.ber die Lehre des Spinoza in Briefen an den Herrn Moses Mendelssoh. Hamburg: Felix Meiner Verlag,2000:145。

③ 参见 Jacobi Friedrich Heinrich.ber die Lehre des Spinoza in Briefen an den Herrn Moses Mendelssoh. Hamburg: Felix Meiner Verlag,2000:333。

识都是有限的。因此，把握无限的对象“上帝”时，必须凭借理智中的“直观”能力，通过“信仰”即心灵的启示来直接获得“直接知识”。在这里，“直接知识”就是“上帝”的知识。耶可比认为我们按照自然法则和机械因果关系等方式所能形成的知识内容都是“间接知识”。人在已有的认识原则基础上，通过“信仰”即神秘的“天启”来获得的更高的绝对无限的知识就是“直接知识”。

在耶可比看来，“感性里的日常事务”也被称为一种“信仰”，即“感性事物”具有“实存性”；对“真理或永恒有信仰”，所形成的就不是“感性事物”，而是通过“上帝的直接知识或直观中”得到的关于“真理或永恒信仰”的“普遍性内容”，因此，这种“信仰”是“心灵的对象”。在耶可比看来，知识的有限性体现在“间接知识”之中，因此，“间接知识”可以说源自康德的知性认识。而当人们获得“直接知识”的时候，才恰恰能够获得比有限知识更为高级的知识。耶可比认为“直接知识”就是超自然的东西，他将这更高的知识称作“事实”。耶可比提出，这个事实真实存在并且一切语言都称他为“上帝”，由于“直接知识”正是要认识这个事实，直接知识又称为“信仰”。因此，耶可比强调的“信仰”并不是非理性的宗教信仰，而是理性中通过“理智的直观”所达到的对于无限对象的认识。在耶可比看来，“上帝”的知识是“直接知识”，也称为“信仰”。[1] 在这里，耶可比所提出的“间接知识”与“直接知识”既是有限知识与无限知识的区分，同时也是非神秘的规则知识与神秘的无限知识之间的区分，他通过对认识方式所产生的客观知识内容的

① 参见黑格尔：《哲学史讲演录》第 4 卷，贺麟、王太庆等译，上海人民出版社 2018 年版，第 252 页。

区分，展开了完成获得无限的知识的两个环节，因此，在耶可比看来，由于知识内容的有限性无法认识无限的内容，必须将理性与神秘的天启相结合，才能够完成对知识的掌握。当人越过有限的知识内容去思维无限（事实、上帝）的时候，就必须通过信仰（理智的直观）的方式完成对无限的对象的思考，通过“信仰”的方式获得更高的知识即“上帝”的知识，“直接知识”就是“内心的启示和信仰”①，这样，由于“直接知识”本身内含着不同于形成有限性知识的神秘要素，所以，认识“直接知识”的途径也只能是神秘的认识方式。

三、直接知识中“理智直观”的神秘主义认识方式

在耶可比看来，“间接知识”的内容本身所包含的只有有限的事物之间的有条件联系。他认为通过认识而成的知识在内容上根本无法达到“绝对”，所以要达到对更高的知识、绝对的知识的把握，凭借人的认识中所形成的客观性知识是无法完成的。耶可比提出了“理智”，是指对外在规定的内在理解。他提出要将理智作为认识的中介。耶可比指出，“就知识自身的内容而言”，“上帝”是“最深远的原因”，同时也是“一般的原因。”② 在这里，“最深远的原因”和“最一般的原因”即是指在关于事物有限的知识之上的更高的知识的内容。在耶可比看来，认识这种更高的知识的方式只能通过“理智直观”的方式来完成。耶可比提出，“概念”只在

① 黑格尔：《哲学史讲演录》第 4 卷，贺麟、王太庆等译，上海人民出版社 2018 年版，第 256 页。

② 参见黑格尔：《哲学史讲演录》第 4 卷，贺麟、王太庆等译，上海人民出版社 2018 年版，第 249 页。

“形状”“数目”“地位”等“思维形式”中才能够形成，而对于事物的“质”和人自身的存在，只能“直观”，因此，“至于对各种质，只有当它们被归结到上述这些概念，并在客观上被取消时，才算是被认识了，被理解了”。耶可比认为，我们的一般认识完成的是对某种特定条件的解释和对其产生原因的探究，而“理智直观”才能够认识更高的知识。

在耶可比看来，更高的知识，正是关于“上帝”的知识，也就是那“超自然的东西”“事实”，这些更高知识存在于超越经验的领域之中，因此人的认识所形成的间接知识在这个领域之中完全失效。耶可比提出所有“证明”都必须“根据条件来完成推论”，因此“上帝、绝对、无条件者”无法证明，这些对象本身就是“无条件的存在”。正如耶可比指出的“一个被推论出来的绝对、上帝”，便不再是一个“绝对、无条件”的存在（“上帝”）了。① 在这里，认识无条件者的方式是“理智的直观”，也就是人的理性中的“直观”功能。凭借“直观”可以获得“直接知识”，“耶可比便叫这种直接知识为信仰”②。耶可比的“直接知识”是高于科学的知识，他指出，凡是我们能够形成的知识，都是有限的知识，因此运用必然规律、因果性等方式无法对绝对形成知识，当我们要认识绝对的时候，无法用获得间接知识的认识规律来完成。“直接知识”的内容本身所指的就是那“绝对的”和“无条件者”。“直接知识”本身就具有不可证明性，因此抛开一切间接的因素，它所指向的是人的“良知”。因此人对知识的掌握是通过对事物表象的有

① 参见 Jacobi Friedrich Heinrich.ber die Lehre des Spinoza in Briefen an den Herrn Moses Mendelssoh.Hamburg: Felix Meiner Verlag,2000:145。

② 黑格尔：《哲学史讲演录》第 4 卷，贺麟、王太庆等译，上海人民出版社 2018 年版，第 252 页。

限性而进一步进展到超自然超感性的领域中。所以在耶可比看来，人们的自我确认正如确认上帝存在一样。这样，耶可比形成的“良知的知识”和“直接知识”的观念，成为了随后关于“上帝”著作的基础，即“天启”的知识，在这里“天启”不是非理性的神学启示，而是注入理性内容的“直接知识”。① 在宗教中，人可以凭借非感性进行“信仰”，凭借情感去信仰教义中的内容，而在耶可比提出的“信仰”中，是通过人理性中的“直观”功能通过无条件限制的“启示”来完成“信仰”的过程，因此，这种“信仰”是在理性与神秘相结合的方式中完成的，不同于宗教中非理性的信仰。在耶可比看来理性就是理智的直观本身，通过理性的信仰“虔信感”来获得没有限制的“直接知识”。

“信仰”和“知识”成为“直接知识”的“规定”，其内容就是“被意识到的”上帝，“这种知识属于每个个体本身”。② 所以，在耶可比看来，获得直接知识的方式要通过内心的信仰和知识来完成。耶可比哲学中的“信仰”内含有理性的内容，不是单纯感性的宗教非理性的信仰方式。在耶可比看来，人能够形成的知识都是有限的认识、有条件的知识，因此它们只存在于间接知识之中，而无限的对象由于它存在于超自然的领域内，即指“事实”或“质”，这样，耶可比提出，要认识绝对不能用知识的原则，只能用神秘的“启示”以“信仰”的方式来完成。人通过理性中的“直观”获得“启示”来认识“无限”与“绝对”的“上帝”。耶可比指出，这样人才能够

① 参见黑格尔：《哲学史讲演录》第 4 卷，贺麟、王太庆等译，上海人民出版社 2018 年版，第 252—253 页。

② 参见黑格尔：《哲学史讲演录》第 4 卷，贺麟、王太庆等译，上海人民出版社 2018 年版，第 255 页。

获得对“绝对”“无限”所形成的最高的知识。因此，耶可比在考察认识方式的客观方面时就提出，人们能够形成知识的领域是有限事物的集合，而当追求更高的知识时，由于更高的知识内容本身是人所无法用知识来表达的内容，因此我们认识它的途径——“理智的直观”必然要走的是神秘主义的方式。在耶可比看来，最高的知识本身便无法用规则清晰的知识来进行表述，必须通过“直观”的方式获得神秘的“启示”，从而完成个体性的认识，这种认识方式本身就包含着神秘的环节。

四、耶可比哲学中理性与神秘的“结合”

在耶可比看来，在人类所形成的知识内容中，通过“有限的”“有条件”的认识所产生的知识是“间接知识”，而当人要超越“间接知识”去认识“绝对”“无限”领域中的“事实”时，就需要通过“理智的直观”的方式来完成对“直接的知识”的把握。因此，耶可比与康德不同，他指出，要通过“信仰”的方式来完成对无限与绝对的对象的认识。耶可比的“信仰”或称“虔信感”与基督教中的“信仰”不同。黑格尔区分了这两种“信仰”，宗教的信仰，是感性的信仰。而耶可比在“直观”中形成的信仰，是一种理性的信仰，但是在这种“直观”的理性认识中包含着神秘的“启示”环节，因为它存在于那超自然的领域之中。在耶可比哲学中，“内心的启示与灵感”属于“直接知识”的内容，人的“健康、常识等普通意见”是被“先天赋予”的，在“直接知识”中，耶可比主张的是“理智的直观”，他认为人的理性中本能地存在一种“直观”的功能，来认识“没有限制”的对象。因此在耶可比看来，当人的认识一旦超越经验世界中的有限事物，也就是要超越间接知识去获得那更高的知识即直接知识时，此时一定是理性与神秘相“结合”才能够完成对直接知识的把握，即通过包含着神秘环节的“直观”，只有通过神秘的方式才能够获得更高的知识。因为通过对知识内容的考察，所有探寻必然规律的间接知识，必定只能够描述有限，因此无限的对象，需要通过神秘的“启示”即“信仰”的方式来获得。在这里，神秘的要素中蕴含理性的内容，在耶可比这里开辟出理性与神秘的完全“结合”的认识方向。“耶可比亲口承认，他发现那些纯粹唯理论体系的知识是无比强大的，而面对这种知识，他剩下来能做的事情就是求助于感性。他承认，他不知道如何通过科学的方式超越这种知识；他承认，站在知识本身立场上看，本人只能称为一个斯宾诺莎主义者。”① 在耶可比看来，自然界的知识总是有限的、非自由、非神性的知识，因此他更加助长通过“直观”获得的“启示”来获得更高的知识。对此谢林作出了这样的划分：“有两种神秘主义：一种是纯粹实践的或主观的神秘主义，它根本不标榜自己是一种科学。另一种是客观的神秘主义，它对于客观意识是有所诉求的。后面这种神秘主义就是神智学，作为一种思辨的或理论上的神秘主义，它不仅具有一个科学的（唯理论）形式，而且还要求具有一种思辨的内容。”② 耶可比的哲学被谢林称为近代哲学中的神智学。③ 与波墨的神智学相比，耶可比的神智学中已经带有了近代哲学的理性思辨内容。

① 谢林：《近代哲学史》，先刚译，北京大学出版社 2016 年版，第 201 页。
② 谢林：《近代哲学史》，先刚译，北京大学出版社 2016 年版，第 223 页。
③ 参见谢林：《近代哲学史》，先刚译，北京大学出版社 2016 年版，第 198 页。

第三节　康德与耶可比在理性领域中确立的两条神秘主义路径

康德的理性的“公设”与耶可比的神秘的“启示”开启了理性领域中处理神秘对象的两种路径。在康德哲学中，“信仰”是通往“至善”的伦理“公设”。“公设”产生了以往的信仰对象，用理性的法则推出了对“意志自由”“上帝”和“灵魂”的道德化理解，消除了信仰对象的神秘性。由康德开启了以理性推理净化神秘的“对立”之路。耶可比从人类知识的角度出发，指出我们现有的只是内容本身，都是有限制的知识，因此他与康德同样认为认识只能够完成对有限规律的把握。在这个范围内，一切结果都能够探究到它的原因，以及其所遵循的必然规律，在这里形成的是间接知识。当人想要超越经验世界进入到绝对的领域之中去认识那“无限、绝对”从而获得更高的知识的时候，耶可比指出，此时单纯的人的理性法则已经无法获得这更高的没有限制的“直接知识”，只有通过“理智的直观”的方式来获得神秘的“启示”，因此耶可比在认识领域中开启了理性与神秘的“结合”之路。

一、人类认知的界限与神秘主义的不同“出场”方式

在康德看来，知性的范畴本身的意义就在于对现象世界形成认识，而不是对事物本身去形成认识，在事物本身的物自体世界中我们并不能形成认识。与康德的结论相同，耶可比同样认为认识只能够认识有限的东西，即人的认识只能够认识现象。黑格尔提出，耶可比所

指出的“认识”，只能“认识有限的东西”，这一点与康德是相同的。[①]因此，耶可比认为，在人的理性认识范围内一切遵照规律，没有任何神秘的要素存在其中。但是，与康德不同的是，在耶可比看来，范畴是一种主观的存在，具有“条件性”，因此，只要由范畴认识所形成的知识就是有限的知识，人可以通过规律完成对“间接知识”的掌握。当人想要超过有限的知识去掌握更高的知识即“直接知识”的时候，便需要通过人的“理智的直观”来完成对更高知识的获得。在“直接知识”中包含着关于“上帝”的知识，因此“直接知识”本身就内含着无法证实的信仰对象。“直观”所获得的是对“上帝”直接的绝对无限内容的启示，当人主体要去认识绝对无限的内容，获得那更高的知识，此时需要运用神秘的启示才能够完成。

康德在考察人的认识能力的时候，划分了物自体的界限，这样，他将一切神秘的要素都推出到这一界限之外。在康德哲学中，神秘对象成为了协调一致的伦理公设。因此，在康德的先验哲学中，拒斥一切神秘的要素。这样，现象的世界成为了充满规律的世界，一切能够按照秩序遵循必然性而运行，科学的法则清晰明确。在理性的领域内，存在的对象是绝对、无限，自在自为的物自体，人主体可以依据先验的认识能力认识现象的世界，但是却无法认识自在自为的存在，所以在这里我们无法对理性中的对象形成知识，物自体的领域成为了不可知的领域，在这个领域之中如果形成认识只能产生理性的幻象。自康德哲学以来，确立了人类认知的界限，在这里，人可以通过范畴为自然界、现象界订立法则，神秘的要素在康德的先验哲学中被驱赶

① 参见黑格尔：《哲学史讲演录》第 4 卷，贺麟、王太庆等译，上海人民出版社 2018 年版，第 248 页。

到物自体的领域中。康德的先验哲学完全拒斥一切神秘的要素。康德的先验哲学首次提出了人的理性的认识界限，完成了理性与神秘的“决裂”，物自体的界限阻挡一切神秘的因素，同时也隐含着一旦这一界限被拆除，神秘的要素必然随着人类理性的发展而再次进入到理性的领域之中。

耶可比与康德一样，“采取消极的态度”，不同的是耶可比注重考察“认识方式的客观对象”，提出，“知识”按照其“内容”，是无法认识“绝对”的；康德从主体的主观先验认识能力入手，同样推出，人无法认识“自在自为”的“物自体”，这样，“耶可比越来越走向远离康德的道路，更加接近哈曼和赫尔德等人”。① 在耶可比看来，人可以通过理性认识对有限的事物形成知识，掌握事物距离它最近的原因以及其必然关系，获得“间接知识”，这是与康德相同的部分，当人想要进入到超自然的领域中对无限和绝对形成知识的时候，耶可比认为，此时人要获得的是更高的“直接知识”——没有限制的知识。耶可比认为这种更高的知识必须通过内心的启示，也就是要将理性与神秘相结合的“理智的直观”来获得。耶可比指出，人可以通过理性获得有限的知识，但是当超越有限的知识，进入到更高的知识的领域中，人的理性认识必须与神秘的“直观”“启示”环节相结合才能够完成对最高的知识的形成。在康德和耶可比的哲学中，通过对人的认识形成的主观和客观的两方面考察，从主体的认知结构和知识的内容本身出发，都揭示出人理性中的认知界限，他们用了不同的方式对待人类认知的界限，通过对这一界限的不同处理方式，完成了神秘主义在德国古典哲学中的不同发展演绎进程。

---

① 参见高宣扬：《德国哲学通史》第 1 卷，同济大学出版社 2007 年版，第 180—181 页。

二、康德开启了用理性净化神秘的“对立”之路

康德提出了客体的存在需要符合人的主观认识形式，即人先于经验就具有感性的时空认识形式，在认识领域内展开了“哥白尼哲学革命”，完成了人的认识形式的翻转。康德的认识界限的划定将神秘主义剥离于人的认识之外。认识形式的变革为科学的普遍必然性奠定了根基，解决了近代知识论的危机问题，同时康德指出了人的认识能力的界限。在康德看来，现象的世界由于时空的广延性而持续地存在着，在认识领域内人完全可以通过感性直观来认识并对它形成知识，而在人的认识界限之外存在的正是物自体，“时间和空间”是“直观的主观条件”，在其中的对象以现象的形式表现出来，因此，我们能够对“现象”形成清晰的规则，但是，对于形成现象基础的“自在之物”是无法认识的。① 这样，康德在“现象界”与“物自体”之间划分了人的认识“界限”，它既是人的认识能力的界限，同时也是理性与神秘之间的界限。在理性领域内由于人的先验感性认识形式能动地形成表象，现象世界中的表象，为知性认识内科学的形成提供质料，人主体可以对它形成知识。这样，康德消除了经验世界中的神秘，在现象世界中的一切都是理性可知的，完成了认识领域内的去神秘化。在康德看来，人的主体认识能力无法越界去对物自体形成知识，因而物自体恰恰是一个不可知的领域，而此时神秘的要素正栖息在那里。

在以往哲学的思维立场中，无法对两个世界进行区分，因此造成了人的认识与神秘始终交织在一起，无法分离——激进的无神论将主体认识不到的领域视为神秘主义，并将它视为不存在；宗教有神论将神秘视为存在，但那仅是信仰的对象而不是理性的对象；斯宾诺莎的

① 参见康德：《康德三大批判合集》（上），邓晓芒译，人民出版社 2009 年版，第 42 页。

泛神论，依然无法解决实体的神秘维度。形成这种局面的原因恰恰在于以往哲学对神秘主义的处理没有达到先验的思维层次，因此以往哲学中认识的界限是模糊不清的。康德的哲学超越了以往的思维层次，面对这种局面，他提出，只有当人主体的思维能力提高到先验的立场上，将现象界与物自体区分开来，通过感性直观的认识形式考察人的理性能力，神秘的要素自然会从认识对象中被清除，在认识领域内不存在任何的神秘。物自体的界限将神秘的要素排除于人的认识之外。同时，伦理的公设使得人们通过自身的道德理性法则去认识“上帝”同时也认识人自身。在神学人本化道德化的过程中，康德通过人自身实践理性的需要，公设出以往的信仰对象，用理性的法则推出了“上帝”“灵魂”和“意志自由”，完成了信仰对象的道德化理解，将信仰对象的神秘性消融在理性的推理之中。因此，在认识领域中，康德确立了用理性净化“神秘”的“对立”之路。将神秘的要素远远地放置于物自体的领域之中。

三、耶可比开启了理性结合神秘的“调和”之路

谢林提出：“埃申迈耶尔和雅各比（耶可比音译不同）把一件普遍有效的事情扭曲为‘个体的个人事情’。这不是哲学的路线，而是宗教的路线。”① 在耶可比看来，更高的知识是“直接知识”，即“上帝”的知识，因此，首先“直接知识”本身就具有包含有神秘的要素。在认识的方式上，耶可比指出，需要通过“理智的直观”来完成对于“直接知识”的认识。在这里，“直观”是一种神秘主义的认识方

① 先刚：《哲学与宗教的永恒同盟——谢林〈宗教与哲学〉释义》，北京大学出版社 2015 年版，第 99 页。

式。在认识方式上，存在着神秘的环节。神学的信仰是非理性的“信仰”，但是，耶可比所指的“信仰”是在间接知识（科学）的基础上，获得更高知识的方式，因此，耶可比的“信仰”恰恰是一种理性的信仰。“耶可比的重要性在于他做出了这样一种努力，即努力开辟这样一条中间道路，它介乎于以可论证的证明为基础的旧式理性神学于非理性的信仰主义或‘盲目信仰’之间。”① 排除了宗教的教义和教会的权威，通过“理智的直观”去认识那更高的知识，无限的内容。“耶可比的如下这些话很是漂亮：我想要的是一个人格性上帝，一个我能够与之发生个人关系的最高本质，一个能够对我的‘我’作出回应的永恒的‘你’，而不仅仅存在于我的思维中的本质，或者说一个完全停留在我的思维之内、完全等同于我的思维的本质——我想要的不是一个纯粹内在性的本质，一个离开我的思维就什么都不是的本质，我想要的是一个超越性的本意，它即使离开我的思维，对我来说也还是某个东西。”② 在耶可比看来，实体性的知识是唯一可能的知识，他深深地被斯宾诺莎所影响，在他看来科学性的哲学都不可避免地走向宿命论，走向一个纯粹的必然性体系。因此，更高的知识才是他看来最为重要的，而这一知识本身就包含着神秘。“直接知识”的“真理性”拒斥“中介”的“条件性”。③

“法国哲学”和“德国形而上学”是耶可比的“思想前提”，“英国怀疑主义”是康德的“思想出发点”。④ 耶可比更加重视对认识形

① 詹姆斯·利文斯顿：《现代基督教思想》，何光沪、高师宁译，译林出版社 2014 年版，第 149 页。

② 谢林：《近代哲学史》，先刚译，北京大学出版社 2016 年版，第 200 页。

③ 参见黑格尔：《小逻辑》，贺麟等译，商务印书馆 2014 年版，第 159 页。

④ 参见高宣扬：《德国哲学通史》第 1 卷，同济大学出版社 2007 年版，第 180 页。

成的客观方面的考察，认为按照知识的内容判定，是无法认识绝对、认识无限的。而康德更加重视对主体的认识能力的考察，认为认识是主观的，因此，人不可能认识自在自为的物自体存在。因此，耶可比和康德考察的侧重点不同，一个从主体的认识能力出发，一个从客体的知识内容出发。因此，在处理神秘要素的方式上，康德通过人的认识界限确立了理性拒斥神秘的“对立”基调，耶可比通过对主体认识的客观知识内容的有限性衡量知识的内容，提出这种认识必须依靠神秘的“启示”来完成，从而确立的正是理性结合神秘的“调和”基调。

第三章　神秘主义在德国古典哲学中的演进环节

在德国古典哲学的（理性）体系建构进程中，一方面，康德的先验哲学拒斥神秘的要素，运用知性划分了两个领域，将神秘排除于认知领域之外。确立了理性与神秘的“对立”的路径。另一方面，耶可比的直接知识，将理性与神秘结合，认为必须依靠信仰（神秘的启示、情感）才能认识无限的对象，获得更高的知识。“后来的思想发展表明，耶可比越来越走向远离康德的道路，更接近哈曼和赫尔德等人，主张跳出单纯理性主义的圈子，更深入地探讨人的情感与生活对于哲学的意义，在这一方面，耶可比、哈曼和赫尔德三人的思想倾向，构成了一般同当时的主流思想唱反调的重要思想。”① 确立了理性与神秘相“结合”的路径。

康德的“对立”之路虽然将一切神秘的要素排除于人的认识之外，却也阻隔住了人的理性发展。因此，在康德之后的哲学体系建构中，首先要实现的就是证明人的理性一定不仅能够认识现象世界，更加能够认识物自体，从而消除认识的界限融合两个领域，然而一旦认识的界限之墙被拆除，神秘主义又会再一次复归到哲学体系中来，与

① 高宣扬:《德国哲学通史》第 1 卷，同济大学出版社 2007 年版，第 181 页。

理性相遇。费希特沿着康德所确立的“对立”道路，从主体的认识方式的主观方面出发，他不满于康德哲学对人的认识划定界限的不彻底性，以“活动”来替代“结构”，消除了“物”的独立性来成就“自我”的独立性，将“先验自我”发展为“绝对自我”。将康德从静态上划分的两个领域融合为一个动态统一的有机体，并且在理论领域内完成了“思辨”的理性演绎，使辩证法摆脱了康德的消极的否定性，获得了积极的肯定性，将康德静态的范畴体系表现为一个互相推演的发展过程。然而随着这一界限之墙的拆除，神秘的要素又一次成为了“知识学”建构中不可缺少的环节和部分。

第一节 “知识学”的理性建构中神秘主义的“命运”

进入德国古典哲学，康德和费希特都要为科学寻求根据，费希特要离开经验的纯理性演绎建构起“知识学”的体系，抛弃形式逻辑，他拒绝回到知性。因此，费希特的“知识学”首次提出了哲学就是科学的科学，费希特要完成的是人类最高的知识。在继承康德哲学的基础上，他进一步超越了康德哲学，将“先验自我”转变为“绝对自我”，在康德的“先验自我”的知性认识中，主体的认识结构无法离开经验世界，而在“知识学”中，“绝对自我”的存在完全不受任何经验的限制，因此，费希特考察了“绝对自我”的纯粹活动，通过“绝对自我”的本原活动，用理性的推理和演绎阐发出知识学的三条原理，用“自我”与“非我”的“对设”的“活动”消除了知性领域中由“物自体”提供的质料。同时也拆除了康德建立的认识的界限之墙，此时神秘的要素随着理性的推理和演绎活动，又一次进入到人的认识领域之中。

一、康德哲学的理论局限

康德在观念和对象之间的关系上实现了“哥白尼革命”，在康德哲学之前，“观念”围绕“对象”旋转，在康德哲学之后，“对象”开始围绕“观念”旋转。因此，“观念”与“对象”之间的关系，即是“思维”与“存在”之间的关系。在康德哲学中，消除了“思维”与“存在”的割裂，完成了认识领域内的“思维”与“存在”的统一。康德将“对象”与自在自为的存在物“物自体”进行了区分，因此，在康德的哲学中，“对象”成为了“表象”内在于人主体的观念之中。康德指出，“表象”由两部分组成，一部分是主体的认识形式，另一部分是客体提供的认识质料，无论是感性认识还是知性认识都是这样构成的。这样，康德将“表象”纳入到了我们人的主体之中。他区分了理论理性与实践理性两个领域，在人可认识的“现象界”之外设定出“自在之物”的世界，独立的、“自在”地存在于人的认识之外，因为人凭借主体的先验认识形式无法对它形成知识，因而只能依据实践理性为它制定法则。在理论理性领域内，康德从经验之中分析出知性认识的十二个范畴，各个知性范畴并行排列，在主体的先验统觉之下形成知识。在费希特看来，康德之所以设定出“自在之物”的世界，划分了人的认识界限，正是由于康德哲学建构的根据不够彻底，静态分析中的自我理性的“能动性”应该转向动态设定中的自我的“绝对性”。所以知性范畴自身虽然具有认识能力，却依然没有离开表象，因而是出自于经验基础之中的“静态”分析，因此这种将自在之“物”与理性区分开来说明经验的方式，必然无法构成一个统一的有机体。因此，这种方式造成了知识的割裂。这种“不协调性”，会“无法预计”地“产生一条可怕的裂缝”。①

① 参见费谢特：《知识学引论》第 1 编，商务印书馆 1975 年版，第 191 页。

康德哲学为人们提供了一个通过主体可以认识的现象世界，与此相对，物自体的世界真实存在着，但是那里却是人主体对其无法形成认识的领域，是主体不可知的世界，因此，主体对于物自体无法形成认识——人的认识的能力存在界限。在康德看来，对于现象世界，人们能够认识进而形成知识，但是对于物自体的世界，只能产生理性的幻象，因此理性的知识在认识领域内是不可能完成的，它只能存在于实践领域中，成为道德的知识。

费希特沿着康德的道路，依旧关注主体的认识能力，他在继承康德哲学的基础上，超越了康德的知性思维立场，在费希特看来，康德哲学中对于“思维”与“存在”的统一完成的并不彻底，主体具有先验的绝对性，完全可以完成对包括“物自体”的所有客观质料的认识。现象世界的确定性只能为自然科学知识找到主体的根据，但是还没有形成建立在主体中的知识的确定无疑的原理。因此，费希特要形成的是一切知识的“知识”，要实现的是包括科学在内的一切知识的“知识”，为科学奠定基础。② 因此他建构起为一切科学和人类实践活动提供基础的——“知识学”。“知识学”的出发点是“绝对的、无条件的原理”，完全脱离开经验。费希特提出：“既然哲学必须指出一切经验的根据，那么它的对象必然是在一切经验之外。”③ 在康德的知性立场中，科学就是知性，因此科学知识必然是知性知识中的最高知识。所以在康德看来，人的认识领域中没有比知性更高的知识存在了。这样，一切都统摄于人的固定认知结构之中。感性中的直观、知性中的判断和理性中的实践——构成了完备的知识。“先验自我”是康德哲

② 参见叔贵峰：《青年黑格尔派宗教批判的逻辑演进》，人民出版社2014年版，第56页。

③ 费希特：《知识学新说》，转引自《费希特文集》第2卷，梁志学译，商务印书馆2014年版，第651页。

学中的最高范畴，由“先验自我”统摄量、质、关系、模态——完成主体自身的认知结构，在现象世界中的万事万物都可以统摄于固定的结构之中。但是费希特认为康德哲学中的主体认知结构都是建立在经验表象的基础之上，因此这些知识只是知性的知识，依赖于经验。费希特在康德的基础上，进一步考察人的“自我意识”的“活动”——与经验没有关联性的活动，因为只要涉及经验的活动，必然是科学的活动。费希特认为哲学的范畴和关系是由精神自我运动的内在结构决定的。“费希特不像康德那样做一些列举范畴的工作，因为他从自我开始；这是他的伟大之处。一切都应该从自我推演出来，列举范畴的做法应该取消。”[①] 康德通过范畴要考察的是先验结构所形成的知识，而费希特要构成的是高于科学的“知识学”，解决康德造成的知识的割裂，为一切知识找到根据。因此，“这里的前一个特征是康德的重要发现，但他没有予以阐述；后一个特征是作这种阐述的可能性条件，知识学已经补充了它”[②]。在康德哲学中，没有考察知识的对象的起源，经验中的对象虽然是主体与客体的综合，但是，他认为经验对象源自于不可知的物自体。这样，在费希特看来，物自体的残留标志着“独断论”的残留，因此，在“知识学”中，费希特要证明不仅是认识的形式，认识的客体也同样产生于“自我”之中，因此，物自体并不是独立于人的思维之外的存在，主体与客体是存在于“自我”之中的两个方面之间的内在必然“关联”，这样，物自体的必然存在消融于主体的理性“活动”之中。

---

① 黑格尔：《哲学史讲演录》第 4 卷，贺麟、王太庆等译，上海人民出版社 2018 年版，第 318 页。

② 费希特：《六年以来》，转引自《费希特文集》第 4 卷，梁志学译，商务印书馆 2014 年版，第 131 页。

二、“知识学”拆除物自体的界限之“墙”

“知识学”要考察的是理性的知识，为一切的知识寻求根据，是最基础的学问。费希特将康德哲学中的“先验自我”转变为知识学体系中的“绝对自我”，在“绝对自我”的纯粹活动中，完成了物自体与现象界的统一。因此在费希特看来，他超越了康德对于人的主体认识“结构”的考察，更加重视先验认识的能动“活动”。因此他提出，我们根本无需设定物自体的存在，一切“知识”的形式都源于“自我”，能够在“自我”与“非我”的对设活动中产生一切表象，因此知识的质料也同样可以从“自我”之中产生出来。“形式与质料并不是两块异质的东西，全部的形式性就是质料，在分析里我们才获得单个的形式。”① 所以，康德在认识论中所建立的规律只对“现象界”有规定的作用，他为自然科学的普遍必然性找到了主体的根据，而费希特认为，关于经验对象的知识仅是“理性体系”中较少的一部分，而哲学应该以全部“理性体系”为对象，他要建立起主体根据中形成知识的确定无疑的原理，即形成知识的“知识”。费希特的先验哲学要为自然科学、社会科学等一切知识建立起主体“知识学”的可靠根基。因此“知识学”是以整个人类知识为对象，它的目的不仅要让哲学成为科学式的知识，更要成为包括自然科学和社会科学在内的一切经验科学的科学，不仅适用于经验的现象世界，而且要适用于人的实践、道德和历史，为一切科学和人类实践活动提供理论基础。“我们必须找出人类一切知识的绝对第一的、全然无条件的原理。如果它真是绝对第一的原理，它就是不可证明的，或者说是不可规定的。”②

① 费谢特:《知识学引论》第 1 编，商务印书馆 1975 年版，第 202 页。

② 《费希特文集》第 1 卷，梁志学编译．商务印书馆 2014 年版，第 500 页。

在费希特看来，自我意识的能动作用才是真正解释经验的根据，因此，知识学的对象只是“自我”本身。“对象实际上是作为一个实在的东西出现在意识里的，但不是作为一个物自身，而是作为自我自身。”① 所以，只有出现在意识中的东西才是“实在”的东西。一切“物”的存在外在于意识，而人可以意识到它的存在，因此存在的意识和意识到它存在的那个意识是同时被肯定的、不可分割的。因此，这两者实际上是同一个意识，即自我意识，因而思维和存在只有在自我意识中才能真正成为一致。这样，“自我”（自我意识）便成为了知识学由以出发的绝对第一的、完全无条件的原理。费希特指出，“自我”只能是能动的和绝对的，而不可能是被动的，因为“自我”是第一性和最高的东西。因此自我不可能是经验中的自我或心理学中的理智活动，而是纯粹活动的本身，是永恒运动的源泉，并且不受任何外在的规定，但是“自我”的活动本身具有自身的基本规律即本原行动，“它既是行动者，又是行动的产物；既是活动着的东西，又是由活动制造出来的东西；行动与事实，两者是一个东西，而且完全是一个东西；因此，‘自我存在’是对一种本原行动的表述，但也是对整个知识学里必定出现的那唯一可能的本原行动的表述”②。因此意识之中存在着集行动与事实、原因与结果于一身的一切意识的基础和出发点，而人可以通过反思和抽象在意识之中寻求这个第一原理。

康德认为人的主体认识结构无法离开经验世界，不同于康德考察的主体认识“结构”，费希特要考察的是自我意识的本原“活动”，也称为“纯粹活动”，这一活动与经验之间并没有关联性。凡是涉及经

① 费希特：《知识学引论》第 1 编，商务印书馆 1975 年版，第 188 页。

② 《费希特文集》第 1 卷，梁志学译，商务印书馆 2014 年版，第 505 页。

验的活动都是科学的活动，在康德哲学中，对主体先验的“结构”形成知识来构成形而上学；而费希特指出，即使我们能够找到这些知识，那么，它们也是知性的对象，因此，处于康德哲学中的知识是割裂的。因此费希特要离开经验，考察自我意识的纯粹活动，在他看来这样的知识所形成的才是高于科学的知识学，因此，“知识学”的考察对象本身就内含着神秘的因素，当主体的认识离开经验世界，离开时空中显现的对象，运用理性去认识那超越经验、不能证实的“纯粹活动”，此时知性法则无法发挥作用，必须运用理性演绎的方式来完成。这样，神秘的因素自然地暗含在“知识学”的“根基”之中。在“知识学”中“自我”的理性“活动”拆除了康德所划定的非神秘与神秘之间的界限之墙。虽然费希特与康德的出发点一致，但是当他要在“主体”中完成康德哲学任务的彻底性，打破认知结构的“静态分析”，建构自我意识的“辩证活动”，神秘的因素又一次伴随理性的“活动”进入主体的认识领域之中。因此，“知识学”用公理化的方式建构起由基本原理和定理构成的系统。但是抽离了所有经验内容所展开“纯粹活动”的“纯粹性”本身只能用演绎的方式来完成认识，因此“自我”的“绝对性”缺乏现实的根据。

第二节　神秘主义在费希特知识学体系中的“再现”

康德的先验哲学将表象内化于主体之中，因此人的认识界限出现了，在现象的世界，清晰的秩序“拒斥”一切神秘的要素，而那自在自为的物自体世界则成为了人的认识不能形成知识的不可知之域。因此，康德将“神秘”推到人的认识之外的同时，也将“神秘”的要素留在了物自体的世界之中。费希特沿着康德的道路，要完成康德哲学中的不彻底性，“他认为康德还不够彻底，没有将主体的能力性提升为主体的绝对性”①。他认为理性完全可以通过“绝对自我”的“活动”来消除物自体所造成的知识的割裂，用超验中动态的理性演绎替代经验中静态的先验分析来消除现象界与物自体之间的分离，费希特要在主体中完成“理性拒斥神秘”的彻底性。但是，当费希特用知识学的逻辑消除物自体，试图完善康德的不足之处的同时，也拆除了康德所划定的非神秘与神秘之间的界限之墙，而此时“神秘”的要素随着“本原”的“活动”再次复归到理性的认识领域之中，又一次与理性缠绕在一起。

一、“绝对自我”设定一切知识学体系

费希特提出，“知识学”的任务是要说明全部知识的根据，来弥合康德哲学中理论理性与实践理性之间的割裂。因此他通过本原行动中“我在”的自明性阐释，确立起一切知识学的本体论基础。费希特把康德的主体的知性活动确立为了最原始的本原活动，将本原的内容从静态的“存在”转变为动态的“活动”。在康德哲学中，“先验自我”是最高的根据，他考察了主体的知性活动，通过先验的主观演绎和先验的客观演绎证明了先验的知性认知结构，以此来为经验科学找到根基。但是“先验主体”的认知“结构”与知性“活动”之间，康德并没有进行区分，因此在康德哲学中，表象虽然内在于主体之中，但是表象是被动的存在，而主体的认识结构是主动的存在，即在形式与质料之间，形式是主动的而质料是被动的。因此，费希特将康德哲

① 叔贵峰：《青年黑格尔派宗教批判的逻辑演进》，人民出版社 2014 年版，第 56 页。

学中主动的存在作为本原，并将它称为本原的活动。因此，一切认识都在“绝对自我”的“设定活动”中完成，物自体便自然的失去了意义。因此，这个“绝对的、无条件的”“自我”成为全部知识的根基。费希特的知识学原理分为三个部分，他从知性的形式逻辑出发，首先就对形式逻辑的有效性本身给予了证明。“人们对上述作为人类知识之基础的事实行动进行思维时，必须直截了当地依据那些普通逻辑规律，或者换个说法也一样，人们进行上述反思遵循的那些规则，都还没有被证明是有效的，它们毋宁是被当成公认的东西默默地约定下来的，预设起来的。”①

第一原理：“自我设定自我”。费希特从主体的认识的主观方面出发，康德为科学找到了“先验”的根基，在费希特看来，一切经验的存在都只是相对知识确定的，因此他要在确定无疑的逻辑中为知识学建立根基。“我们必须找出人类一切知识的绝对第一的、无条件的原理。如果它真的是绝对第一的原理，它就是不可证明的，或者说是不可规定的。”② 这一根基一定是“真知识”的根基，就是那不变的逻辑。因此，他从形式逻辑中的同一律命题出发。

首先 A=A（A 是 A）。在直言判断中，无论 A 的内容如何变化，我们对于相等的关联性是确信无疑的，因此我们所确信的是其中相等的“必然关联”。在经验世界中，A=A 不具有任何意义，即在经验中我们不能运用这个“必然关联”，因此，我们只能够在本原的意识活动中去运用这一“必然关联”。当认识离开经验世界，进入到本原意识活动的超验领域之中，也就进入了“自我”之中。故“自我”之中

① 杨祖陶：《德国古典哲学逻辑进程》，武汉大学出版社 2006 年版，第 132—133 页。

② 费希特：《全部知识学的基础》，王玖兴译，商务印书馆 2016 年版，第 6 页。

一定内含着这个“必然关联”。其次，如果有 A，则有 A（如果 A 是，则 A 是）。在经验中这一命题同样没有意义，即其中只有“如果……那么……”这一“必然关联”才具有意义。因此，当离开经验，进入到本原意识行动的自我领域中，才能够得到 A 一定在。故在进入自我意识之前必须抽离一切经验的内容。“我们提出经验意识的随便一个什么事实，然后从中把一个一个的经验规定分离出去，继续分离直到最后再没有什么可以从它身上分离出去时，剩下来的这个自己本身绝对不能被思维掉的东西就是纯粹的。”①在康德哲学的一切经验存在中，A 可以是任何一个表象，表象是“自我”中的表象，所以通过任何一个表象 A，都可以推出“自我”一定存在。这样，费希特以形式逻辑的判断为出发点，由经验中的清晰明确推出了意识活动中的清晰明确，由经验中的知识推出了知识学的原理。在费希特看来，知识之间不应该割裂，所有的知识都是一致的，因此只要知识具有完整性，那么从任何一个环节都可以展开循环论证。他用 X 来指代自我意识中的“必然关联”，“前面的如果和后面的之间有一种必然的关联，并且两者之间的必然关联是直截了当的和无需任何根据被设定起来的。我把这个必然关联暂时叫做 X”②。这是一种必然的判断，是同一律。在这个命题中只体现出了形式却没有体现内容，因为 A 本身的内容属于未知，因此只有在人主体进行判断的时候才能够形成“逻辑主语”，此时这个命题成为了自我按照“必然关联”所进行的判断，即“活动”，是“活动”着的“自我”。这样，这个用来做判断的“活动”一定存在于人的“自我意识”之中，并且只能够由自己提供给自己。

---

① 费希特：《全部知识学的基础》，王玖兴译，商务印书馆 2016 年版，第 7 页。

② 费希特：《全部知识学的基础》，王玖兴译，商务印书馆 2016 年版，第 8 页。

在康德看来，“自我”是知性的先验活动。而进入费希特的知识学中，他提出，“自我”是本原活动的自我。由此，所有由形式（主体）和质料所构成的经验中的A（表象），都镶嵌在主体的表象中，由表象存在就可以推出其背后一定存在一个“自我”，一切都在“我”之中。“一切意识经验的事实的理由根据就在于，在自我中的一切设定以前，自我本身就先已设定了。”①这样，自我在自身的活动中直观到了自身的存在，并且自我在意识中将自己“摆放、确立”②起来。因此，在这个自我中，一个是活动着的自我，另一个是存在着的自我，两者都是同一个“自我”，但是“存在着”的自我与“活动着”的自我的存在方式不同，此时“自我 = 自我”不同于形式逻辑在经验中的运用，而只有将它放在知识学的体系中，意识的行动才具有了全新的意义，也就是具有了知识学上的意义。在这两个“自我”中，“活动”着的自我决定“存在”着的自我，费希特提出每个人都有一个“自我”，这个“自我”一定是活动着的“自我”——活动，证明“我”存在着。“活动”是一种“设定”的活动。“直截了当地被设定的、以自己为根据的东西就是人类精神的某一行动（整个知识学将表明，是一切行动）的根据，从而是行动的纯粹品行；抽去其特殊经验条件的自在活动的纯粹品性。”③因此，在第一原理“自我设定自我”中，第一个自我是“活动”着的自我，“设定”存在着的自我，同时两个自我是同一个自我。“设定着的自我与存在着的自我是完全相同的，是同一个东西。”④通过“活动”，将“自我”确立起来。因此，将“自我设

① 费希特：《全部知识学的基础》，王玖兴译，商务印书馆2016年版，第15页。
② 张志伟：《西方哲学史》，人民大学出版社2010年版，第428页。
③ 费希特：《全部知识学的基础》，王玖兴译，商务印书馆2016年版，第11页。
④ 《费希特文集》第1卷，梁志学译，商务印书馆2014年版，第507页。

定自我”中的自我意识的内容去掉就可以得到自我 = 自我，可以还原成纯形式逻辑上的“A=A”，因此，知识学是形式逻辑的根据。“不是命题‘A=A’充当命题‘我存在’的根据，毋宁说反过来，命题‘我存在’充当命题‘A=A’的根据。”① 因此，A 在自我当中获得了“实在性”，这样，从最高原理可以推演出“实在性”的范畴。康德在经验中通过静态的分析提炼出了十二个范畴，但是没有进一步阐明主体是如何具有这十二个范畴。费希特在康德的基础上进一步提出，主体中的范畴是通过“我”把“自我”抽离掉，来进入形式逻辑，此时 X 也抽离掉，就可以得到余下存在于自我中的实在性的东西，那些存在获得了实在性的范畴。

第二原理：自我设定非我。“同自我相反或对立的东西，就是非我。”② 费希特提出，第一条原理是绝对、无条件的原理，而第二条原理是有条件的原理。我的活动证明我存在着。在这里，“我”已经通过形式逻辑的统一律获得了知识学的意义。在这里，他从形式逻辑的矛盾律出发即命题“−A 不等于 A”进行反思的过程。“基于同一个理由，第二原理也像第一原理一样，既不能证明也不能推论。因此我们在这里，恰恰同前面一样，也从一根经验意识的事实出发，并且我们根据同样的权力按照同样的方式来处理这个事实。”③ 在费希特看来，因为第一原理与第二原理作为形式逻辑的两个根基本身是两条不同的原理，在形式逻辑中由统一律不能推出矛盾律，在同一律中，X 是内在于自我意识活动中的“必然关联”，因此只有这个“必然关联”中

① 《费希特文集》第 1 卷，梁志学译，商务印书馆 2014 年版，第 508 页。

② 费希特：《全部知识学的基础》，转引自《费希特文集》第 1 卷，梁志学译，商务印书馆 2014 年版，第 506 页。

③ 《费希特文集》第 1 卷，梁志学译，商务印书馆 2014 年版，第 511 页。

的判断关系是我们所确信无误的，那么，当我们设定 A 的时候，-A 就已经被设定了，即只要确定了一个，其他就同时被确定了，因此在这里，我们所确信的是 A 和 -A 之间的“设定关系”。在经验中，与“必然关联”相同，“设定关系”也没有意义，因此同一律、矛盾律只有进入到我们的意识行动中，才能够获得他本身的意义。一旦进入到自我的行动中，我们就可以把 A 还原成自我，这个自我是确定了活动着的自我，有了自我，与之对应的那个表象世界就形成了。因此，“自我”能够“设定”一个不同于“我”先验认识结构的那些表象世界，那个世界不是我，它是由我设定出来的“非我”的世界。因此，“自我设定非我”，这里的“必然关联”不是“=”的判断关系，而是一种“设定关系”。“相对于自我，直截了当地对设起来一个非我。它在形式上是无条件的，但在实质上是有条件的。而这样一来，我们也就找到了人类全部知识的第二原理。”① 在这里，这两种活动都是同一个活动，自我设定自我的同时，非我就已经出现了，因此在逻辑上，设定自我的活动在先，只有先知道我是什么，才能够知道“非我”是什么。因此，“非我”在内容上是有条件的、有限制的。他要受到“自我”是什么的限制。在绝对性、无条件的第一原理中得到了实在性范畴，那么，在有条件的第二原理中可以得到的是否定性的范畴，在我们规定了一事物是什么的时候同时也会规定出它不是什么。是由在“非我”中才能够获得否定性范畴。

从第一原理的实在性范畴和第二原理的否定性范畴，可以推理出第三条原理。活动着的“自我”设定存在着的“自我”的同时“对设”出“非我”，活动是“自我”存在的先决条件，“非我”在“自我”活

① 费希特：《全部知识学的基础》，王玖兴译，商务印书馆 2016 年版，第 21 页。

动的条件下产生，因此“自我”和“非我”都统摄在一个大的“自我”中——“绝对自我”，在“绝对自我”之外就没有别的东西了，没有任何的存在能够限制“绝对自我”。因此，人的认知结构是由“绝对自我”之下统摄的“自我”与“非我”一同构成的。

第三个原理：自我在自身中设定一个可分割的非我与可分割的自我相对立。“第三条原理几乎是完全可以证明的，因为它不像第二条原理那样有一个命题，而是由两个命题规定的。”① 费希特通过“设定活动”完成了对第一原理和第二原理的知识学证明，通过这两条原理推出了第三原理。所以前两条原理由形式逻辑向知识学推理，完成了知性向理性的推理。“自我”设定“非我”本身是一个活动，当“自我”设定“非我”的时候，“自我”的内容就已经包含在“非我”之中了，此时的“自我”就不再是“自我”了，他开始扬弃自身，向“非我”过渡，此时，“非我”也不再是原本的“非我”了，他开始扬弃自身，向“自我”过渡。这样，结果就是形成了一个在“自我”中包含“非我”的“自我”，和在“非我”中包含“自我”的“非我”，其结果是“自我 = 非我”。“自我”与“非我”之间的设定关系发生了改变，“自我”在设定“非我”的同时，“自我”又与“非我”相等了，这就是原始的对设活动。“第三原理所表达的那种原始行动，即将对立的事物在第三者之中结合起来的那种行动，如果没有树立对立面的对设行动，是不可能有的。同样，树立对立面的行动，如果没有结合的行动，也是不可能有的；因此两者事实上是不可分割地结合在一起、并且只在反思中才能加以区别。”② 当这种对设活动进入经验世界，才能

① 《费希特文集》第 1 卷，梁志学译，商务印书馆 2014 年版，第 516 页。

② 费希特：《全部知识学的基础》，王玖兴译，商务印书馆 2016 年版，第 31 页。

获得它真正对象性意识的结果，即形成表象的世界。因此，行动的本原演绎就是在表象中获得了具体的内容。表象是在“自我”和“非我”的相互对设中完成的。费希特提出，这个表象是X，相互对设的活动是Y，因此，每个X都对应一个Y。所以，本原里既有“自我”还有“非我”，当表象形成，表象就在Y的过程中获得规定性，此时“自我”已经从这里分离出去，因此它成为了被分割了一部分表象内容的自我，也就是成为了一个可分割的自我。因此进入表象中的“自我”和“非我”是“自我”和“非我”的一部分，这个表象就是由被分割了的“自我”和被分割了的“非我”所构成，因此，实在性范畴（自我）和否定性范畴（非我）在表象当中形成了现实性的范畴。因此，前两条原理是形成活动的原理，第三条原理是形成表象的原理。它成为了之后一切认识的根基。

通过三条原理，费希特将相互对立的“自我”与“非我”进行了“先验的”综合，在“知识”中完成了包含所有其他综合的最高的综合。在主体中将康德的道路走向“绝对”。费希特以主体为能动的出发点，阐发了三种活动。他将“思辨”融入哲学的体系中，并赋予“思辨”以肯定的意义。在康德哲学中，“辩证法”具有消极的色彩，是康德所指的“理性的幻象”，无法形成真正的认识。而在费希特看来通过“设定活动”而产生的“主体辩证法”是认识“绝对自我”的理性推演过程。这样，费希特通过对“辩证法”的改造，实现将静态的范畴体发展为一个互相推演发展的过程，从而形成了辩证法的初级形式——正、反、合。因此这三种活动正是同一性行动中的三个方面，通过“设定”活动，实现正题、反题与合题之间的辩证推演，从理性的演绎中产生出“实在性”“否定性”和“现实性”三个范畴。费希特提出了最高的综合，并且在最高的综合中寻找各种对立，从而推演出新的关联，直到最后在主体中达到统一，在这个过程中完成了思辨逻辑的概念推演。所以知识学中运用“对立统一”的方法，解决“自我”与“非我”之间“可分割性”的量的关系，形成了主体辩证法。这样费希特用动态演绎过程中的“自我”的独立性，消解康德从静态出发的“物”（物自体）的独立性。运用思辨理性的演绎思维拆除了人认识的界限。

二、“绝对自我”中的神秘主义“基因”

通过知识学中三条原理的证明，在最高的“绝对自我”的统摄之下，“自我”与“非我”按照自我意识进行“活动”。“自我本质上就是全部活动，非我的受动是由自我让渡给它的。自我在多大程度上把自己的活动让渡给非我，非我就在多大程度上是活动的，自我就在多大程度上是受动的。非我的活动是它接受转让给它的活动的结果，自我的受动是由于它的活动的外化，自我受非我活动所规定，实际上是间接地受自己活动所规定。这样，自我的活动总量不变，所以它是绝对的无限的活动；而当它将部分活动让渡给非我时，它就在量上不完全了，因此，它又是有限的活动。”[①] 在这一“设定活动”过程中，通过理性演绎的方式推演出了理论自我和世界的产生[②] 费希特从动态的“知性活动”出发，摒弃了形式逻辑，运用思辨的理性演绎方式，建立起知识学的逻辑，这一逻辑成为后来黑格尔的辩证逻辑的逻辑雏形。但是，知识学的逻辑的形式，恰与宗教中神秘的非理性演绎的“演绎”形式具有同构性。可以看出在知识

---

① 费希特：《全部知识学的基础》，王玖兴译，商务印书馆2016年版，第9页。

② 参见费希特：《全部知识学的基础》，王玖兴译，商务印书馆2016年版，第8页。

学的原理中，费希特在宗教演绎的神秘方法中注入了理性逻辑的根基，将“演绎”方式换用到了知识学的理性之中。因此“绝对自我”“设定”“自我”与“非我”的统一活动的方式与上帝创世的方式具有内在的一致性。在费希特看来，整个知识学的认识过程发生在理论领域内，通过第三原理，现实中的表象世界一经形成，它本身就是一个“非我”和“自我”的设定活动，当完成设定活动之后，会形成两个表象——表象 1 和表象 2，在这两个表象之间，人主体可以按照第一原理和第二原理通过差别性去寻求统一，此时表象 1 和表象 2 都是通过“自我”和“非我”的设定活动而形成表象的全部规定，在此基础再次达到统一，从而寻求差别，以达到不断的统一，直到统一于最高的“绝对自我”。

首先，“绝对自我”本身就内含着“第一因”的神秘色彩。“绝对自我”本身就是绝对、无条件的，它是“知识学”中最高的存在，因此我们只能证明它存在着，不能对它形成认识，并且他自身的唯一规定就是他的“活动”。在人的认识过程中，最高认识就是达到一个对“绝对自我”的认识，并且我们只能够认识到“绝对自我”的存在，但是人主体不能对“绝对自我”形成任何有“具体的”内容的规定，因此“绝对自我”只是存在着，“活动”是它自身唯一的规定。“只有自我既是规定者又是被规定者，自我才设定自己为自我。”①所以“绝对自我”本身无法诉诸于实证和逻辑证明。在这里，“绝对”是第一性的基石，因此只能从形式逻辑入手把它推演出来。费希特提出，“知识学”是一切知识的根基，这样“绝对自我”本身就内含着是一切存在的根据的属性，因此如果对“绝对自我”进行判断，

① 《费希特文集》第 1 卷，梁志学译，商务印书馆 2014 年版，第 733 页。

那么这个判断就不能有根据，因为“绝对自我”是一切存在的根据，所以它本身就不再需要根据了，而它自身就是那最高的根据。这样，“绝对自我”本身就具有“绝对”“不可证明”“没有任何具体限定”的“一切存在的根据”即“第一因”的属性，与宗教中的“上帝”具有可以替换的一致性。因此，费希特的“绝对自我”中本身就包含着神秘的要素，他完成了人主体的理性的绝对化，将人的理性抬到了最高。费希特从康德哲学中的“先验自我”的创造性活动出发，由“绝对自我”的活动“设定”出“自我”与“非我”，作为“自我”与“非我”存在的终极原因，而这个“终极原因”恰与上帝具有相同的“第一性”属性。在费希特的知识学中，出发点就是抽离一切经验的自我意识本身，从逻辑出发，运用人的理性，推演出“知识学”体系中的三条定理，从主体的理性活动中完成世界的现实性范畴的建立。“知识学”作为一切知识的基础，将“绝对自我”作为“第一性”的东西，通过理性的活动创造了“自我”与“非我”，创造了世界——完成了自然和自由的统一。费希特以“自我”的绝对性消解了康德的“物”的“自在性”。康德认识了主体的认识结构，在此基础上完成了对主体先验认识结构的考察。当费希特的知识学用“活动”着的“自我”的“绝对性”消除“物自体”的同时，理性的演绎活动就将康德所划定的物自体的界限之墙完全拆除了，此时“知识学”将一切都纳入主体中，纳入自我意识的活动中，“自我”就成为了核心的“绝对”，除“自我”以外，都成为了“相对”的存在。

其次，“知识学”原理在结构上带有宗教演绎的神秘色彩，理性演绎的推演活动与宗教创世的神秘演绎具有相同的过程性。在“知识学”中通过“自我”的活动所产生的世界，设定了“理论自我”与“实践自我”两者“相互对立，相互规定”①。“绝对自我”按照其“自我意识”中的设定活动将“理论自我”与“实践自我”统一于主体自身之中，这与宗教中上帝创造世界的活动过程具有内在一致性。同时在基督教看来，世界的秩序是上帝的意志，在“知识学”中自我意识设定活动中的“我”恰恰体现出“绝对自我”的意志；上帝将自身的意图外化，也就是“绝对自我”设定“非我”的外化过程。“费希特的知识学却把自我对客体的斗争理解为自我对客体的进一步规定的斗争。”②宗教中，上帝创世的过程正是把上帝的意志从无中实现出来，“绝对自我”产生表象世界的过程是在自我意识的离开经验的“设定”活动中形成现实性范畴的世界。“正是‘绝对自我’才‘从无中创造出某物’，而在人把世界理解为‘自己的创造物’而且提高到自我意识时，同时就既创造了世界，也改造了自己本身。”③因此宗教体系的结构，恰恰成为了费希特“知识学”体系的结构，两者在结构上具有内在的一致性。这样，“知识学”的理性推演与上帝创世神秘演绎如出一辙。所以在“绝对自我”中包含着宗教的影子与神秘的色彩。在费希特看来，“绝对自我”本身就没有根据，当他把“自我”绝对化的时候，与宗教的方式一样，俨然将“自我”当成了“上帝”。“费希特没有达到理性的理念，也就是没有达到主体与客体或自我与非我之完备的、真实的统一；他的这种统一，像在康德那里那样，只是一个应当，一个目标，一个信仰。”④在费希特找到知识学的最高原理的时候，他运用了宗教

① 费希特：《全部知识学的基础》，王玖兴译，商务印书馆2016年版，第9页。

② 黑格尔：《哲学史讲演录》第4卷，贺麟、王太庆等译，商务印书馆2013年版，第336页。

③ 杨祖陶：《德国古典哲学逻辑进程》，武汉大学出版社2006年版，第145页。

④ 黑格尔：《哲学史讲演录》第4卷，贺麟、王太庆等译，上海人民出版社2018年版，第336页。

式的处理方式。不同于上帝创世在宗教中的非理性表达，费希特运用了理性来推演出知识学的表达。在“知识学”中，“上帝”被置换为“绝对自我”，因此“知识学”的原理就成为了上帝创世的哲学表达。这是由于，在费希特看来，“知识学”只有建造在主体中才能形成真正的知识学，才能在超越知识的基础上建立形而上学。因此可以说，在“绝对自我”中内含着神秘主义的基因。在“知识学”中，当“知识学”弥合了康德对于知识割裂，消除了物自体，将一切知识建立在人的理性最高之上，把人的理性能力释放到最大的同时，神秘的种子也悄悄生长在了“绝对自我”的自身之内。当费希特越过康德划定的物自体界限，离开经验去对理性形成知识，神秘的要素又一次进入理性的领域，与理性再次交织在一起。

三、费希特对康德的“理性拒斥神秘”之路的主体终结

康德的先验哲学拒斥一切神秘的要素，保留人主体的认知界限，在康德看来，人不能够跨越认识的界限，物自体是人不能形成认识的不可知之域。在现象的世界内，理性的法则中可以消除任何神秘的要素。在康德看来，人可以在感性中形成直观，在知性中产生判断，而在理性中形成推理①。他认为理性的对象不能被综合到范畴之下来进行判断，因而理性的能力只能是推理，即“辩证法”，康德哲学中的“辩证法”只是推理的方法，他在认清理性高于知性的同时，并没有形成真理的逻辑，康德称为幻相的逻辑。康德的先验哲学是以人的理性作为体系建构完成的，是围绕人主体的三种理性的“松散”建构，是从经验世界还原到人的理性。他从理性的结构出发，因此没有对理

---

①　源自亚里士多德的三段论。

性本身形成体系，他通过经验对理性分析形成了对理性的批判。因此在康德哲学的理性体系中，存在认识的界限，没有最高的原理。费希特是康德哲学的继承者，他沿着康德的道路，在“先验自我”的量、质、关系、模态的相互关联的建筑术雏形基础上建构起一个人的理性的有机体系，将康德的“先验自我”走向“绝对”，将一切完全纳入主体之中。对此，黑格尔指出：“康德采取经验的方式把纯粹知识的规定、范畴从逻辑里搬过来——这实在是一种极其非哲学的、不正当的做法。费希特前进了一步，这是他的大功绩。他要求从自我中推出、构成各种思维规定，并且试图完成这项工作。”①

在“知识学”中，第一条原理和第二条原理是人的活动的原理，第三条原理才是由理性推演出来的，形成表象的原理，这一原理成为了认识一切的根基，从它开始，演绎出整个知识学。在第三原理中，形成了表象的现实性范畴，这是我们一切经验认识产生的基础。因此，“自我”与“非我”的统一就形成了实在的表象——建立一切知识的基础。在这里“自我”与“非我”相互限制。费希特提出了主体推演的理性有机体系，当“非我”限制“自我”的时候，能够形成一个认识的世界——理论的世界；当“自我”限制“非我”的时候，“自我”必定要冲破“非我”的界限而对它形成规定——道德实践的世界。因此，当“自我”不断地克服“非我”对“我”的限制，就出现了我所释怀的东西——“我的努力”。“自我的努力应该是无限的，应该没有因果性。可是，这只能在一个反努力的条件下加以设想。这个反努力与努力保持平衡。”② 因此，费希特提出，人的“努力”就是人的使

① 黑格尔：《哲学史讲演录》第 4 卷，贺麟、王太庆等译，上海人民出版社 2018 年版，第 318 页。

② 《费希特文集》第 1 卷，梁志学译，商务印书馆 2014 年版，第 704 页。

命，是人不断地克服非我的道德过程——实践过程。这样，费希特完成了康德的道路，完成了两部分体系的有机统一，一部分是必然的体系，认识的体系；另一部分是自由的体系。在“知识学”的体系中，“自我”与“非我”的限制活动，是它们最高的根基。在费希特看来，表象在“自我”和“非我”的相互设定中获得了全部的规定，因此它拥有着现实性的范畴，同时也是充足理由的根据。费希特提出，整个“知识学”的理论体系，都是表象的设定活动，表象之间通过不断地寻求差别与同一的过程，使认识得到上升，每一步的上升都有一个“非我”对“自我”形成限制，最高能够达到“绝对自我”，之后再不断向下移动，下移的每一步都有“自我”和“非我”的相互设定的规定。每一个“非我”都形成一个概念限制自我，这个概念都是在“自我”和“非我”中设定出的概念，是既定的概念，而人自身要寻找的概念，就是要通过自身不断地克服“非我”对于“自我”的限制，不是顺应这个限制，从而完成人为自己所设定的概念（包含着道德与自由的概念）。这样，在认识领域内发展到最高就是“绝对自我”，此时开始向道德领域去转移了，这个领域的转移就是“自我”克服“非我”为自身寻求概念并实现概念的“努力”过程——“去行动”的过程。“他把他的世界理解成一种作为，恰恰因为这是他的世界，他才唯独经历这种作为，并且他只有在这种作为中才能生活，只有在这种作为中才能找到他自己的一切享受。”① 因此，这两个体系有机地构成了人类全部的知识学。在这里，“绝对自我”是基础，全部知识学就是理论知识和道德知识——理论认识和实践认识，所以，费希特完成了康德的道路，实现了对康德哲学中的人的理性认识能力的发展，并在主体中

① 费希特：《费希特文集》第5卷，梁志学译，商务印书馆2014年版，第83页。

将它绝对化，以“自我”和“非我”作为根据，建构“理论理性”和“实践理性”形成两个体系，并完全统摄于最高根据“绝对自我”之下。

四、费希特“唯我论”的困境与向“主客同一”的哲学转向

近代以来，怀疑论动摇了科学的根基，指出千变万化的现象无法成为第一性的科学起点。因此，开启了德国古典哲学为科学寻求根基之路，并且要超越科学建立新的形而上学的体系道路。康德用先验的认识结构，保障了主体中的形式逻辑，用“静态”的分析方式找到了“先验理性”的根据；随后费希特沿着康德的道路，进一步提出了“知识学”的体系，要形成的是人类一切知识的原理，用先验认识的“能动活动”找到了“绝对自我”，用“绝对自我”来作为最稳定的根基推出一切，完成了人类理性的有机体系建构。在这里，费希特用理性演绎的方式以“自我”的设定活动消解了康德的“物自体”。在知识学的逻辑起点中，“绝对自我”不是静止的，它具有能动性，并且是有规律的活动，但是“自我”的绝对性与能动性，在现实中并不存在证明的“根据”。费希特提出，自我是自我，“自我的存在（本质）完全在于自己把自己设定为存在着的，这种自我就是作为绝对主体的自我。既然它设定自己，所以它存在；既然它存在，所以它设定自己；因此对自我来说，自我是直截了当地必然地存在的。对自己本身而言不存在的那种东西，就不是自我”[①]。这样，自我成为了唯一的实在，它不依赖于任何外在的东西，自己决定自己，这种“自我”存在的主观“预设”同时就否定了任何自我之外的客观实在性从而走向了“唯我论”。所以，以此为起点，知识学中的所有理性演绎的内容便都局

① 《费希特文集》第1卷，梁志学译，商务印书馆2014年版，第506页。

限在主体的内部，造成了一切主体化，也就是一切的主观化，以至于丧失了客观性，而这与知识本身应该存在客观性相悖。“他（费希特）把自我当作绝对原则，因而必须表明宇宙的一切内容都是自我的产物，而自我同时即是它自身的直接确定性。不过他同样只是对这个原则加以片面性的发挥。”①费希特超越了康德，从先验主体出发，看到了主体中存在的能动性，并用概念的推演来确定范畴，在理性中演绎出与“同一律”“矛盾律”“充分理由律”相对应的“实在性”“否定性”和“现实性”的三个范畴，三个范畴构成的正、反、合的辩证法初级模型，此时，费希特的“绝对自我”，以主体作为能动的出发点，用思辨理性将康德划分的“界限”之墙拆除，将“自在之物”消解于“绝对自我”之中，而此时，神秘的要素便随着界限的拆除，进入到了知识学体系中的那个明确无误、不证自明的最高原理“绝对自我”本身之中。因此费希特提出，人只能无限地趋近于自己所追求的目标，但是无法完全实现，因此人具有“去行动”的自身使命。“人能够而且应该日益接近这个目标；因此，无限地接近这个目标，就是他作为人的使命。”②所以人的发展是一个无限前进的历史过程，需要通过人的努力和奋斗来完成，因此费希特提出了人类历史的发展规律问题。在费希特晚年的知识学体系中，对人类历史的起源进行了阐述，提出了“绝对自我”与“上帝”的等同性，人类的历史是向“上帝”不断展开的过程，因此人类历史的发展总是由低向高地展开。在费希特的晚期思想中就完全进入理性与神秘的缠绕之中，“绝对”成为孕育万物

① 黑格尔：《哲学史讲演录》第 4 卷，贺麟、王太庆等译，上海人民出版社 2018 年版，第 314 页。

② 费希特：《关于学者使命的若干讲演》，转引自《费希特文集》第 2 卷，梁志学译，商务印书馆 2014 年版，第 11 页。

的自隐存在，通过它所预设的对象显现自身，对于“绝对”的认识是人类历史发展的目的和方向。“所以，这些规律必定显现为有生命的东西的自由行动和行为的规律。如果我们返回这一立法的根据，我们就会发现，这一根据在于神圣生命本身。”[①]费希特为历史哲学奠定了基调。“人类的世俗生活目的就是人类在这种生活中自由地，合乎理性地建立自己的一切关系。”[②]费希特通过分析人类历史发展的五个时期，提出“道德与宗教绝对是一回事：两者都是对超感性东西的把握，前者是通过行动，后者是通过信仰”[③]。当费希特用理性的演绎消除物自体的同时，理性又一次与神秘遭遇，随着理性的发展神秘的因素进入人类历史的发展中。

康德的先验哲学完成了对主体的先验认知结构进行“批判”审视的哲学定位，将表象内化于主体之中，通过划分认识的界限，康德用先验的方式，将客观一分为二，分成现象界和物自体，把现象界中的表象纳入主体之中，作为主观的产物，现象界中区分为质料 + 形式，质料源自于经验、形式源自于主体中的时空范畴建构起的现象，所以在康德哲学的“主体”中，现象被纳入主体中，而物自体并没有被纳入主体之中，在康德哲学中的主体与客体的统一，留下了物自体的尾巴，成为了主观与客观统一的残余。因此沿着康德的道路，按照先验哲学的方式，费希特将“先验自我”推向了“绝对”，将所有的东西都归结为“自我”所设定的东西，现象界和物自体都纳入了“绝对自

① 费希特：《关于学者的本质及其在自由领域的表现》，转引自《费希特文集》第 4 卷，梁志学译，商务印书馆 2014 年版，第 359 页。

② 李秋零：《德国哲人视野中的历史》，中国人民大学出版社 1994 年版，第 200 页。

③ 费希特：《向公众呼吁》，转引自《费希特文集》第 3 卷，梁志学译，商务印书馆 2014 年版，第 415 页。

我”之中，绝对的主观化的同时陷入了唯我论，将一切“自我”之外的客观存在排除于“知识学”的体系之外，也就是排除于哲学和真理之外。康德的“自我”是“先验自我”。在现象界中的“自我”具有综合统觉的能力，因此，“先验自我”是现象界中的最高自我，并不是物自体的自我，而费希特的自我是真正的“绝对自我”，费希特进一步用把客体全部主观化的方式完成了主体与客体的统一，这种完全用主观化的消除客体的方式完成了主体性哲学。费希特弥合康德认识界限，在主体中将康德的道路走到了尽头，同时“唯我论”的理论困境造成了一切主观化与客观性的缺失。因此费希特将主体性哲学走到极致，即在主体中将哲学走向尽头，此时出现了进一步完成“主客同一”的新的哲学转向。谢林完成了主客的“同一”，改变了哲学的立场，谢林要恢复的是客观和主观两个世界本身，因此，谢林走出了费希特原来绝对自我的主观，并在主观和客观之上找到了一个最高的存在，用它去完成主观和客观的同一。使主观与客观同一于一个理性，这样谢林找到了主观与客观之上的同一存在，这个同一就叫做“绝对”，因此，谢林哲学又称为“绝对同一”或“理性同一”。谢林用“同一”的方式完成了主观与客观的“统一”。

第三节　谢林“艺术直观”中的理性神秘主义

耶可比的“直接知识”实现了神秘主义哲学化，“直接知识”本身就是信仰，他开启了德国古典哲学中理性与神秘相互“结合”的道路。在建构理性体系，处理神秘的方式上，费希特按照康德所开辟的理性与神秘的“对立”之路，将先验哲学在主体之中走到尽头，在将理性的演绎达到绝对的同时，却又一次将神秘的因素带入理性的领域，“对立”之路无法摆脱神秘的缠绕；而谢林按照耶可比的“结合”之路，从知识本身的客观实在性出发，看到了费希特哲学中全部主观化的理论局限，要重新恢复知识的客观实在性，在超验的艺术“直观”中把握“绝对”。将“绝对”由存在论转向知识论，在知识论的立场上消解了主体与客体之间的对立，用自我意识的“会合活动”建构起“主客同一”的哲学体系，最终完全走向神秘。恩格斯在《谢林和启示》中，反复以“神秘”一词来指称谢林哲学及其思维方式的特点，认为“在自由思维中可望见到的则是经院哲学和神秘主义中更加杂乱的东西”正体现出谢林哲学的实质。只要我们完整地看待谢林的思想进程——从神学转向哲学，又再次从哲学转向神学，就会确认这种转向并不是断裂意义上的转折，而是在更高意义上的返回——重新回到原点。非理性的、神秘主义的思维成分（直观、启示、信仰等）贯穿于发展着的思想阶段和变化了的历史处境。耶可比从知识本身出发，提出间接知识并不是最高的知识，谢林从同样的立场出发，指出：理性不是我们最高的东西。因此将“神秘”与“理性”结合来获得“最高的知识”是德国古典哲学中的一条重要的路径，这一方面是由于德国哲学本就具有深远的神秘主义传统，“德国式的思辨理性或辩证理性与中世纪以来的德国神秘主义传统有着密切的思想渊源关系”①；另一方面则在于，在“神秘”与“理性”之间的交错中，理性思维的认识能力在不断向更高的层次发展。

---

① 赵林：《论德国哲学的神秘主义传统》，《文史哲》2004 年第 5 期。

一、谢林实现由存在论向知识论视域的形而上学转向的哲学“变革”

在康德哲学中，用“批判”考察主体的理性能力，强调主体理性的认识界限，人主体通过理性能够清晰明确认识的规律世界与理性无法认识的物自体世界之间不存在“融合”的可能性。通过考察主体的认识能力，康德的“先验”存在于主体之中，是主体中与经验有关系的即对经验有作用的认知结构。因此，在康德哲学中，通过经验何以可能分析得出“时空”和十二个知性范畴。费希特沿着康德的先验道路，在他看来，只要涉及经验，就不属于先验的内容，此时先验具有了超验的意义。费希特提出只有超过了经验才能够进入先验，因此在他的先验原理中不包含有经验的内容，他将先验原理视为最高的原理——整个“自我”的设定活动都与经验没有关系，其结果是完全的主观化，将康德的道路在主体中走向了绝对。因此，康德和费希特的哲学都建立在主客观相分离的基础上，因此出现了物自体的残留与缺失客观的主观绝对化，在这一路径中，实质上完成了客观消融于主观之中，对于真实存在的客观存在存而不论。“谢林批判了某些哲学家在‘认识绝对者’这件事上面的误解。谢林在这里点名批评了‘康德主义和知识学唯心主义（费希特）’，将他们称为‘独断论体系’。康德和费希特割裂了观念层面和实在层面，认为后者外在于并且独立于前者。简单地说，就是在认识和认识的对象之间化开一条鸿沟，把认识的对象牢牢限定在‘对象’的位置，当作是一个与认识者迥然不同的东西。”①

① 先刚：《哲学与宗教的永恒同盟——谢林〈哲学与宗教〉释义》，北京大学出版社2015年版，第107页。

由于斯宾诺莎哲学的影响，耶可比在斯宾诺莎的第三种知识即“直观知识”的基础上提出了“直接知识”的概念，在这里，它们都是包含着推理的理性知识，在耶可比看来，斯宾诺莎的前两种知识，想象与理性都属于间接知识，也就是科学知识，可以认识有限的物，形成科学，而第三种直观知识，恰恰是掌握“无限、真理和上帝”的理性的知识，间接知识的有限性无法掌握直接知识的无限性，因此，他提出用“信仰”的方式来获得“直接知识”，在耶可比看来，哲学的理论论证模式本身就是值得批判的，因为论证作为手段只能接近较近的目标，但永远达不到最终的目标，而最终的目标对于我们来说才是根本的。上帝就是最终的东西，以理性认识上帝，实际上是将上帝贬低为有限的东西，他提出最终的东西本身是无法被解释的东西。因此，不同于康德将理性与神秘相对立，耶可比恰恰将理性与神秘相结合，提出“必须走出心智的范围才能停留于真理的王国”[1]。谢林沿着耶可比的道路，在他看来，知识必须与经验有关系，因此，谢林哲学中的“先验”建立起一元论。不同于康德和费希特的主体中的“先验”，谢林提出“先验”应该走出主体，进入主观与客观之上，“先验”与主观当中的理性现象（意识现象）和客观中的经验现象都没有关系，是发生在理性现象与经验现象之先并与它们相关的东西，因此，谢林的“先验”，是主客观同一基础之上的“先验”。“如果说有一种先验哲学，那么留给它的就只是相反的方向，即把主观的东西作为第一位的和绝对的东西，从主观的东西出发，使客观的东西从主观的东西里面产生出来。”[2] 在谢林看来，“先验”不仅是构成我们客观中的内容

---

① 高宣扬：《德国哲学通史》第 1 卷，同济大学出版社 2007 年版，第 181 页。

② 谢林：《先验唯心论体系》，梁志学、石泉译，商务印书馆 2016 年版，第 9 页。

而且也是构成我们主观中的内容，这两个环节是同一的。这一观点在后来黑格尔那里得到了进一步的发展。谢林提出在主观和客观之上，有一个统一两者的最高的存在——“绝对”，不同于费希特主观化了的绝对，谢林提出，只有在主客观之上的“绝对”才是最高的存在。这个绝对是“绝对同一”，在谢林看来，自然界是以无的方式表现了绝对，人类社会是以理性的方式表现了绝对，两者之间的差别在于，自然界中物质的东西多，精神的东西少，因此自然界的发展过程是一个物质由多到少的过程，形成“次幂”关系；在人类社会中，理性的东西多，物质的东西少，也是“次幂”的关系。两者的结果都是“绝对”本身，主观世界和客观世界都以自身的方式完成和表达了最高的“绝对”。

康德将知识归结为判断，判断的主体是人，对象是表象，由此他分析出人主体认识对象和判断机能的范畴，将人的认识过程分成认识的内在结构的形式和质料；费希特将知识分为经验知识与超验知识，提出知识的绝对原理是“绝对自我”的设定活动，去除了康德的质料，认为真正的最高的知识学原理在于完全脱离经验的“自我”的创造活动，这一活动，能够为同一律、矛盾律和充足理由律的形式逻辑提供基础获得内容。谢林从知识的真实性、实在性出发，转变了以往哲学的态度，建立起知识论的立场。“一切知识都以客观东西和主观东西的一致为基础。因为人们认识的只是真实的东西；而真理普遍认定是在于表象同其对象一致。”①在谢林看来，以往哲学中的错误在于从存在的立场出发去认识“绝对”，他指出，将“绝对”视为一种“存在”就会陷入无限的追溯，因为任何一种存在必然要寻找另一个事物

① 谢林：《先验唯心论体系》，梁志学、石泉译，商务印书馆 2016 年版，第 6 页。

作为它存在的根据，以此循环，没有尽头；如果停止追溯，存在论立场就会陷入独断论。因此，转变立场之后，从知识论出发的先验哲学就应当是将“绝对”作为对象而不是视为存在，此时，人的自我意识就成为了一种活动，在活动中发现自我意识。他指出：“‘事实恰恰相反，只有伴随着绝对者的一个已然活生生的理念，一切哲学思考才会开始，并且已经开始。’人们首先通过理智直观认识到绝对者，‘这种知识的最初起源同时也是哲学的最初起源’。”① 当存在论的立场向知识论立场转换，可以消解掉无限追溯与独断论的矛盾。沿着存在论的立场，费希特走到了主观化的“绝对”，他认为离开经验有一个先验的东西在人的头脑中存在着，因此费希特的自我是一种主观样态的存在，没有实在性，缺乏客观现实的根基，无法解决客观知识的真实有效性。谢林站在知识论的立场上，将自我意识作为对象追溯的不是超越经验的主观化原理，而是追问主观与客观相同一的绝对——因此站在知识论立场上，绝对成为了主观与客观的同一。当认识进入到知识论立场之时，“绝对”既不是主观的也不是客观的，“绝对”就是“绝对”本身，同时又是主观与客观的同一。在知识论立场中，可以完成这一认识。但是一旦认识从知识论立场退回到存在论立场中，无限追溯与独断的问题又会再次出现。所以，以往的哲学中的困境在于没有将自我意识视为知识的最高对象，因此，谢林提出，自我意识本身就是创造性的。在自我意识中产生了知识的命题和判断，所以自我意识本身就是一个创造的过程，自我意识所进行的活动，是创造性的活动。“第一，人们必须进行一种持续的内在活动，进行一种持续的创

① 先刚：《哲学与宗教的永恒同盟——谢林〈哲学与宗教〉释义》，北京大学出版社2015年版，第107页。

造活动，创造理智的那些原始行动；第二，人们必须对这一创造活动持续地反映。总之，人们必须既是被直观者（创造者），同时还是直观者。”[①]自我意识在创造知识的同时，知识的实在性也隐含在创造性活动之中，因此创造性活动必须以“绝对”为基础，知识本身才具有实在性。这样，谢林完成了存在论向知识论立场的转变，真正地走出了唯我论的主体化绝对，不在主观和客观之间寻找第一性，而是从知识对经验的真实有效性出发。进入谢林的知识论立场中，知识既是主观可以形成的，又对客观实在有效用，因此知识本身的主、客观性的辨析就消解掉了。“简言之，先验考察方式的本性只能是主观的东西反自己变成自己对象的一种持续不断的活动。”[②]此时谢林要考察的是知识的活动，知识在生成活动中能够在“同一”的前提下，将客观的东西通过意识中的会和活动转变为主观的内容，这样，既确定了客观存在的实在性又改变了客观存在的样态，用先验哲学将客观存在转化为主观的意识、概念，此时，主观中的自我意识就可以成为被考察的对象，完成从主观中发现客观的内容，建立起主观与客观的同一，因此谢林的哲学变革完成了两大突破，一是对“绝对”的认识从存在论立场转向知识论立场，用自我意识的“创造性活动”消解掉以往哲学中主观与客观的对立，走出了康德路径中的完全主体化的“唯我论”困境，走向了主观与客观的同一。

二、谢林的“绝对”与“主客同一”哲学体系建构

在康德哲学之前产生了以客观作为哲学基点的经验派和以主观作

① 谢林：《先验唯心论体系》，梁志学、石泉译，商务印书馆 2016 年版，第 18 页。
② 谢林：《先验唯心论体系》，梁志学、石泉译，商务印书馆 2016 年版，第 12 页。

为哲学基点的唯理派，分别将感觉对象和人的理性作为哲学的对象，因此主观与客观之间的关系处于一种对立的状态，当怀疑和独断的理论困境出现，它们走向了理论尽头。进入康德哲学，调和了两派的思想，试图完成主观与客观的统一。康德用先验的方式，将客观一分为二，形成了现象界与物自体，现象界成为了主体中的主观产物，其中内含着形式和质料，形式源自主体中的时空范畴构成现象而质料源自于经验，因此现象被纳入主体之中，物自体存在于主体之外，这样康德留下了物自体，没有彻底完成主观与客观的统一。费希特将所有的东西归结为自我所设定的内容，将客观消融在主体绝对化的过程中，“绝对自我”决定了一切的存在，将现象界与物自体都纳入自我之中，将主体性哲学发展到了极致的状态。康德的“自我”在现象世界中具有综合统觉的能力，是现象界中最高的我，但是无法认识物自体的领域。费希特的自我是真正的“绝对自我”，用客体主观化的方式完成了主客的统一，在完成主体哲学集大成的同时也终结了主体性哲学。正如黑格尔所批评的那样，费希特只是达到了自我与对象的主观性统一，“主体等于客体变成了某种主观的东西，而且并没有成功地扬弃这种主观性，客观地设置自身”①。在谢林哲学中重新追问客观性，改变了哲学的立场，从存在论立场转向了知识论立场，恢复主观与客观两个世界本身，这样，谢林走出了存在论中的主观统一，建构起了主客观的同一。“我们之所以称谢林和黑格尔的哲学为‘绝对唯心主义’而不是称为‘客观唯心主义’，就是要强调他们并不是康德和费希特的单纯的‘对立面’，而

---

① 黑格尔：《费希特与谢林哲学体系的差别》，宋祖良、程志民译，商务印书馆 1994 年版，第 66 页。

是已经达到了一个更高的立场，已经完成了对于主观唯心主义的超越。”[①] 这样，“绝对者”才是真正第一位的东西，而不是一个为思考而设定的“前提”。

在对知识的态度上，与费希特对知识必须（只能）与主体先验原理一致的理解不同，谢林认为知识必须既与主观的自我意识保持一致，又与客观的事物本身保持一致，否则知识的真实性与客观性就无法得到保证。因此，谢林的知识学以同一哲学冠名，“同一性原则是谢林的全部体系的绝对原则”[②]。同一性原则既是客观实在的自然原则，也是主观认识的意识原则，世界就是物质与精神（主观与客观）的同一体。同一哲学从主客体的同一性出发，以主客观的一致性为基础建立其知识学体系。知识学必须且只能从“绝对同一”出发，遵循把客观的东西视为第一位并使主观的东西归附于它（自然哲学）和把主观的东西视为第一位并使客观的东西归附于它（先验哲学）的双重路线。从知识的客观实在性出发，谢林将自我的认识与知识的客观实效性看作是同一的存在中的两个方面，主体与客体会在一定阶段向对立面发展。在费希特完全主体化的“绝对自我”中，谢林关注到了知识，客体的客观实在性，因此他试图在主客同一的知识论立场上把握绝对。谢林哲学是德国古典哲学发展阶段中的必由之路。在主客同一中把握“绝对”，在谢林哲学中，“绝对”是一切事物的根源，因此“同一性”是最根本的原则。在谢林看来，“绝对物是黑夜，光明比黑夜晚出，两者的区别，正如光明出自黑夜，一个绝对的差别；无也是最

① 先刚：《哲学与宗教的永恒同盟——谢林〈哲学与宗教〉释义》，北京大学出版社 2015 年版，第 107 页。

② 先刚：《哲学与宗教的永恒同盟——谢林〈哲学与宗教〉释义》，北京大学出版社 2015 年版，第 107 页。

初的，优先无的一切存在、一切多样性都从那里出来”[①]。进入谢林的立场，绝对是主客之间的无限之在。在黑格尔看来，“世界及其发展不在绝对精神之外，而在它之内，为它所渗透、指导，并归属于它，这样，绝对精神就深入到了世界的发展过程之中，世界发展本身构成绝对或上帝的历史，是逻各斯的产生和显示的过程”[②]。黑格尔提出，虽然从知识的客观实在性出发，完成了主客之间的同一性，但是依据次幂的变化，依然是对表象进行的“反思”，虽然知识论立场中完成了“主体既客体”，但依然是知性的思维方式。因此“或是把它的绝对说成黑夜，就像人们通常所说的一切牛在黑夜里都是黑的一样，这两种做法，都是知识空虚的一种幼稚表现”[③]。所以黑格尔指出：“认为思维在其自身中就是与实体的存在合为一体的并且把直接性或直观视为思维，那还要看这种理智的直观是否不重新堕入毫无生气的单一性中以及是否它不重新以一种不现实的方式来陈述现实自身。”[④]

这种“绝对同一性”是在其中一切对立都完全消除了的东西，是主体与客体的绝对无差别、主观的东西和客观的东西的完全无差别，即“A=A”。这里可以看出，在费希特那里，这个同一意味着主体中自我 = 自我，而在谢林这里，则意味着主客体中主体 = 客体，二者的同一方式不同，但思辨和神秘却保持一贯性。谢林提出，作为客观

① 黑格尔：《费希特与谢林哲学体系的差别》，宋祖良、程志民译，商务印书馆 1994 年版，第 77 页。

② 黑格尔：《费希特与谢林哲学体系的差别》，宋祖良、程志民译，商务印书馆 1994 年版，第 76 页。

③ 黑格尔：《费希特与谢林哲学体系的差别》，宋祖良、程志民译，商务印书馆 1994 年版，第 77 页。

④ 黑格尔：《费希特与谢林哲学体系的差别》，宋祖良、程志民译，商务印书馆 1994 年版，第 80 页。

实在性的知识，可以从先验的“推演”产生，对立并非出现在“绝对”之中，之所以叫“绝对”，就意味着同一，主客对立只是在“绝对”的存在样式上做区分，一个是自然，一个是精神，但自然也是某种精神，是看得见的精神。站在存在论的立场，“绝对”只是一种存在，谢林看到了知识的客观实在性，从知识本身出发，进入知识论立场，“绝对”成为了主观与客观的“同一”，两者可以向对立面转化，“即解决从客观到主观和从主观到客观的双重过渡问题，或解释主观为什么能和客观一致符合，客观为什么能和主观一致符合的根据”①。因此主观与客观之间互为前提，“那就必定有两门基本科学，而且从一极出发必定不可能不被迫走到另一极。于是自然就被迫走向精神，精神就被迫走向自然。每一方都可以看成第一位，并且两者都是必定要向对方过渡”②。此时科学与哲学随着主体与客体的运动而发展。

“‘同一性’是最原初、最根本的东西，它在逻辑上先于‘统一性’，后者主要强调的是，那些差别或对立必然或最终是联系在一起的一个整体，而之所以能够如此，又是以作为最高本原的‘同一性’为前提。”③ 作为“最原初”“最根本”的东西，此时“绝对同一”称为一切存在最原初的根据，与“上帝”具有相同的“第一因”特性，此时“绝对同一”本身就带有了神秘的因素。谢林提出，把握绝对的方式要通过神秘的“艺术直观”的方式，只有少数的天才才能够触及。绝对同一本身只是被直接洞见到，与洞见的直接性相对应的是，绝对

① 杨祖陶：《德国古典哲学的逻辑进程》，武汉大学出版 2003 年版，第 168 页。

② 黑格尔：《哲学史讲演录》第 4 卷，贺麟、王太庆等译，上海人民出版社 2018 年版，第 349 页。

③ 先刚：《哲学与宗教的永恒同盟——谢林〈哲学与宗教〉释义》，北京大学出版社 2015 年版，第 6 页。

同一的性质难以被说明，而只能从否定方面定义为无差别、无区别，也就是某种带有神秘性质的混沌状态。谢林坦言，“那个在意识的最初活动中就已经分离，从而产生出整套有限事物的绝对同一体，一般是完全不能称谓的，因为它是绝对单纯的东西，也绝不能有取诸理智的东西或自由的东西的称谓，因此，它也绝不会是知识的对象，而只能是行动中永远假定的、即信仰的对象”①。它从一开始就带有浓厚的宗教色彩，甚至只能作为信仰的对象而以启示的方式被直接把握。因此，绝对同一表现为一种虚无缥缈而神秘的东西，它是神秘的、拒绝解释的，被黑格尔讥为“黑夜里的黑牛”。恰恰是这种无法理性化表达的浑然一体的“原初”模糊，为神秘主义打开了一扇门，铺就了理性思维向神秘主义转化的通道，“把符合当做绝对静止的无差别的等同，也就失去了认识和理解的手段和可能性，而不得不依赖某种神秘的直接体验和静观了悟，依赖于那只有主观心知，而无外在确证的个人天才和灵感了”②。

总的来看，“绝对”在理性意义上完成了主客体的统一，在形式上完成了“绝对”的理性化。但这种理性化的“绝对”却是逻辑本身无法把握的，既不是主观的，也不是客观的，只能诉诸于直观的神秘“洞见”。同时，“绝对”在自然和精神只是映现，自然界和人类社会的发展体现着“绝对”的理性，这无非是上帝在自然界体现自身的意志一样，也无时无刻不保留着神秘的特征。

---

① 谢林:《先验唯心论体系》，梁志学、石泉译，商务印书馆 1976 年版，第 250 页。

② 杨祖陶:《德国古典哲学的逻辑进程》，武汉大学出版 2003 年版，第 187 页。

三、神秘主义的艺术“直观”是理性认识的最高阶段

耶可比提出，人的认识只能够掌握有限的“间接知识”，那更高的无限的“直接知识”就是心灵的“直观”。他指出，“直接知识”不是通过概念而是通过感觉和直观来把握绝对、把握存在、把握上帝、把握宗教。黑格尔评论道：“自从耶可比以后，凡是哲学家（如弗里斯）和神学家所写的关于上帝的著作，都建筑在直接知识、良知的知识这个观念上面；人们也称这种知识为天启。”① 由此，开辟了一种不同于非理性的宗教的“天启”，将理性与神秘相融合的方式来完成对理性中的对象的认识。在耶可比看来，理性必须结合神秘的“直观”才能够获得更高的知识。谢林在《近代哲学史》中称耶可比的哲学为神智学，他提出，在波墨那里所体现出的是带有德国本土哲学本身固有的思辨特性，体现在对于上帝三一体的论证之中，而耶可比哲学中所体现出的是理性的思辨。“确切地说，有两种神秘主义：1）一种是纯粹实践的或主观的神秘主义，它根本不标榜自己是一门科学；2）另一种是客观的神秘主义，它对于客观的知识是有所诉求的。后面这种神秘主义就是神智学，作为一种思辨的或理论上的神秘主义，它不仅具有一个科学的（唯理论的）形式，而且还要求具有一种思辨的内容。”② 谢林指出：“神智学家没有成为对象的主人并凌驾于对象之上，反倒是他本人成为一个对象，他没有解释现象，反倒是他本人成为一个有待解释的现象。”③ 谢林沿着耶可比的路径，运用“直观”的方式提出，要认识最高的“绝对”，需要少数天才通过艺术的“直观”

① 黑格尔：《哲学史讲演录》第 4 卷，贺麟、王太庆等译，上海人民出版社 2018 年版，第 252 页。

② 谢林：《近代哲学史》，先刚译，北京大学出版社 2016 年版，第 223 页。

③ 谢林：《近代哲学史》，先刚译，北京大学出版社 2016 年版，第 227 页。

才能够把握。“艺术直观”是指“一个绝对单纯、绝对同一的东西是不能用描述的方法来理解或言传的，……它只有通过第二种直观才能变成客观的，而这第二种直观就是美感直观”①。“同样——即使人们能够像神智学家自诩的那样，在自身内部体验到那个先验的演进过程，体验到万物的形成过程，从这里也不可能得出一种现实的科学。因为一切体验、感触、直观就其自身而言都是缄默的；需要借助于一个中介性的机能，或者说如果他故意抛弃这个机能，以便直接从直观出发来说话，那么正如我们已经指出的，他就和对象融为一体，在旁人看来就和对象本身一样难以理解。”②艺术“直观”是带有神秘主义性质的“直接洞见”。谢林从知识论的立场出发，把知识建立在自我的基础之上，并通过理智直观来克服在康德和费希特那里作为先验性结构的主观与客观的固有对立。但也正是在直观级次的上升中，神秘主义的成分愈显浓重并最终将艺术直观神秘化为某种天才式的直接洞见。

谢林提出首先，知识的基础在于自我。所谓知识，就是自我与对象的统一，其基础在于客观东西与主观东西的一致。客观东西即自然，主观东西即自我（理智）。自然被认为是无意识的，理智被认为是有意识的。“但在任何知识中两者（有意识的东西和本身无意识的东西）都必然有某种彼此会合的活动；哲学的课题就在于说明这种会合的活动。”③这种会合与同一，只有在自我意识的建构过程中才得以实现。正是在这个意义上，哲学的合理进程就是“把全部哲学陈述为自我意识不断进展的历史”④。但谢林的自我，既不是康德式的先验自

① 谢林:《先验唯心论体系》，梁志学、石泉译，商务印书馆 1976 年版，第 273 页。
② 谢林:《先验唯心论体系》，梁志学、石泉译，商务印书馆 1976 年版，第 228 页。
③ 谢林:《先验唯心论体系》，梁志学、石泉译，商务印书馆 1976 年版，第 6 页。
④ 谢林:《先验唯心论体系》，梁志学、石泉译，商务印书馆 1976 年版，第 2 页。

我与实践自我的二元自我，也不是费希特式的被非我所限制的有限自我，而是主观与客观无差别的绝对同一，即绝对自我。绝对自我才是知识得以可能的先天原则和条件。在谢林哲学中，自我意识本身就是绝对同一构造自身并显现自身的活动，并且展现为一个辩证的过程，而不是笛卡尔式的实体。由于自我意识是一种直接变自身为自身对象的活动，对象与自我的关系就变成内在的关系，从而更好地解释自我与对象的先验一致性，也就是知识的可能性。

其次，自我在本质上是理智直观。要克服自我与对象的先验对立，自我就不能是一种静止状态的、现成化的实体，而只能是一种能动的活动，是（主体）通过直观自身把自己变为对象（客体）的创造活动，也就是在思维中进行创造性直观，即理智直观。在康德那里，理智与直观是对立的，其前提是主体与客体的分离，二者必须以反思作为中介才能得以综合进而达成统一。但正是这种原初的分离，也就导致了由外在对立而建立内在同一的结构性困境。针对这种反思式的知识论构建，谢林以直观式的知识论构思加以改造。他指出："整个哲学都是发端于、并且必须发端于一个作为绝对本原而同时也是绝对同一体的本原。一个绝对单纯、绝对同一的东西是不能用描述的方法来理解或言传的，是绝不能用概念来理解或言传的。这个东西只能加以直观。这样一种直观就是一切哲学的官能。但是，这种直观不是感性的，而是理智的；它不是以客观事物或主观事物为对象，而是以绝对同一体，以本身既不主观也不客观的东西为对象。"① 自我成为知识的对象，但不是"现成"（外在对立）的，而是"构成"（内在统一）的，是自我意识的活动将自身建立为知识的对象，所以它在本质上是直观

① 谢林：《先验唯心论体系》，梁志学、石泉译，商务印书馆 1976 年版，第 274 页。

活动，即一种非中介性、非反思性的活动。直观的各个“次幂”构成一个连续的序列，通过主体与客体之间的“次幂”变化，展现自我意识不断进展的历史。但是，感性直观是接受性的，而不是构造性的，它不能表现为自己创造自身对象的过程。康德的分析已经表明，感性直观恰恰基于主体与客体的二元对立，其对象是客体，因而表征的是人的有限性，不能把握并非客体的绝对同一。又由于这种直观是一种知识活动，所以它不是感性直观，而只能是理智直观。由此，自我从本质上讲就是自己认识自己的一种持续不断的理智直观。

最后谢林提出，只有“艺术直观”才能认识和把握绝对同一。直观是哲学的官能——艺术的官能。其中，艺术把握绝对依靠的是艺术直观（当然，艺术直观在本质上仍然是理智直观，严格地说应该是理智直观的“升级版”）。艺术直观高于理智直观，是直观的直观。这是因为，理智直观是指向内部的，“这种直观本身纯粹是内在的直观，它自己不能又变为客观的：它只有通过第二种直观才能变为客观的。而这第二种直观就是美感直观”①。哲学家通过这种能力只是观念地把握绝对，而且这是一条由下而上递进式的上升之路。与此相对，艺术直观则是指向外部的直观，是可以变为客观的，具有出现于每种意识中的普遍有效性，艺术家通过这种“直观”在经验中现实地把握绝对。更为本质的是，艺术直观处于直观的终极内容，在这里就可以直接把握绝对从而省略了直观的一切进程性。可以说，在自我意识里必然显现为主观与客观的分离，经由直观级次内容的提高，最终在艺术直观里重新达到“同一”。因此只有通过艺术直观，才能最终超越主体与客体的两极性，先验唯心论体系才最终达到对最高本体——绝对同一

① 谢林：《先验唯心论体系》，梁志学、石泉译，商务印书馆 1976 年版，第 274 页。

的认识和把握。在这个意义上，艺术是自我意识发展的最高阶段，是"整个先验哲学的拱顶"，是"哲学的唯一真实而又永恒的工具和证书"①。

至此，谢林在构思知识论的过程中所表现出来的神秘主义倾向愈发明显。首先，从整体上看，这种知识论已经不同于康德意义上的理性的科学知识论，而更多地带有浪漫化的特征和诗意化的色彩。就本质而言，谢林的知识论是一种与理性主义传统下的反思性知识论相对立的直观性知识论。知识的基础在于自我，而自我的绝对同一性最终在天才于产生艺术作品的带有神秘性的创作经验中得以确证，即自由与必然、精神与自然、理想与实在、主体与客体的无限和谐与直接同一。由此可见，这种理论"试图表明一种洞见（这不同于日常的洞见）是必需的，以便理解知识是什么。根据这个观点，知识的基础对于普通知识来说是无法理解的。因此，就需要一种特殊的洞见，据说它是可以论证的。当然，发展对关于所有可能知识种类的这个来源的洞见将会成为一种不完全是哲学的活动，它需要沉思，甚至可能需要出神。哲学证成（可以说）并鼓励这些导致可论证的或者可证明的结果的活动。这种类型的理论是新柏拉图主义的神秘主义，它需要哲学论证与随后的神秘实践之间的一种连续性，后者追寻哲学论证暗示的方向"②。其次，艺术直观是只属于某些天才的神秘禀赋，具有个性、偶然性和不可确证性，终究是一种带有神秘性质的天才洞见。在谢林看来，哲学中的自我只有成为天才，才能真正成为主体，进而完成主体与客体相同一的任务。对此，卢卡奇批评谢林的理智直观是非理性

① 谢林：《先验唯心论体系》，梁志学、石泉译，商务印书馆 2016 年版，第 167 页。

② Dieter Henrich, Between Kant and Hegel: Lectures on German Idealism, Harvard University Press,2008:70-70.

主义的最初表现形式，其中充满了荒唐的神秘性。从谢林思想的演进逻辑来看，其前期思想中隐含着似是而非的东西，其后期思想更显得倒退和反动。卢卡奇认为谢林夸大了直觉的作用，把艺术直观作为理智直观的最高级次，也就把知识的获得归结于天才，于是“在辩证法的实际领域的入口处所产生的、背离了辩证法的非理性主义，在谢林那里还产生了另一个对非理性主义的发展具有永恒意义的主题：认识论的贵族主义”①。如果确信只有少数人——他们自然都是精英和天才——的自我意识具有直观认识的现实性，那么显然对于大多数人来说，真理的获得既是神秘不可捉摸的，也是遥远不可企及的。再次，直观本来是用以探明知识可能性的，但艺术直观并不能建立知识。艺术直观在提供客观性的同时是无意识的，是在无意识中达成的与有意识的和谐，对此，谢林认为这是“启示”“奇迹”，可见，这种带有奇迹性质的无意识过程完全不符合知识建构的自然过程。此外，艺术直观作为艺术家把握绝对的官能，主要体现为想象力，甚至“幻想就是艺术中的理智直观”②。把知识的构建奠基于幻想，这更是神秘主义的解释。在谢林哲学中，自我意识的创造性活动就是“会合”活动，在主体中完成对客观内容的认识。但是最高的存在“绝对”本身内含着神秘的色彩。当认识一旦进入知识论立场，也就埋下了“神秘”的种子，而认识“绝对”的方法拒绝经验哲学的分析与比较，运用了“艺术直观”，自耶可比以来，“直观”就是神秘的“天启”。这样，谢林的早期哲学中就埋下了神秘的种子，他沿着耶可比的路径，变换了哲学立场，由存在论转向了知识论，神秘的要素没有改变，而是把外面

---

① 卢卡奇：《理性的毁灭》，王玖兴等译，山东人民出版社 1988 年版，第 126 页。

② 《谢林全集》第 3 卷，转引自邓安庆：《知识 · 历史 · 艺术——试论谢林先验哲学体系的三大主题》，《湖北大学学报》（哲学社会科学版）1993 年第 1 期。

的存在论立场改变了，重新调和了理性与神秘，将神秘纳入到了“绝对”本身之中。

四、谢林在“主客同一”中走向神秘

谢林的理论哲学与实践哲学同样提出了人类历史发展规律的问题。人类历史的发展即“绝对同一”的历史演绎。在理论哲学阶段，自我的认识活动是理论自我的认识对象，目的是通过自我的“认识活动引申出自然界的万事万物，理论自我可以凭借‘想象力’完成自身向实践自我的转化，进入实践哲学阶段中”[①]。此时自我能够依据主体的能动性活动来改造自然界，从而实现主体与客体的同一。谢林提出，实践活动即人的自我意识作用于客观对象的活动，这样人就可以将自己的理性作为根据来创造人类自身的历史发展过程，人类改造自然界与追求自由的能动性活动只能够在人类社会中完成。“我的一切行动所指的最终目标，就是靠单个人不能实现，而只有靠整个族类才能实现的某种东西。”[②] 在谢林哲学中，“绝对同一”驾驭在一切事物之上，是历史中的“上帝”，“就此而言，谢林赋予了自由以历史的维度：无论是绝对者（上帝）的自由——谢林称为‘绝对意愿’‘绝对意志’或‘纯粹意志’，还是个人的自由——谢林也称为随意，都只能在历史的背景下表现出来”[③]。谢林提出，人类实现自身价值的过程就是绝对同一在人类社会中显现自身的过程。“人通过自己的历史，不断地作出上帝存在的证明，而且这种证明也只能由全部历史来完

① 谷潇：《德国古典哲学积极自由思想研究》，辽宁大学 2017 年博士学位论文。

② 谢林：《先验唯心论体系》，梁志学、石泉译，商务印书馆 1976 年版，第 246 页。

③ 先刚：《哲学与宗教的永恒同盟——谢林〈哲学与宗教〉释义》，北京大学出版社 2015 年版，第 159 页。

成。”[①]谢林进一步将人类历史划分为三个阶段，由低到高，从悲剧时代到专制时代再发展至天启时代，人就能够按照绝对同一的必然规律性法则去行动，这是逻辑现在的划分。在天启时代要体现神圣化的人类统一，需要通过人对于“美”的沉思来完成——“艺术直观”。

在谢林哲学中“绝对”的存在与“上帝”具有内在一致性，“上帝”诉诸于非理性的信仰的方式，“绝对”诉诸于理性的逻辑方式，谢林提出，认识“绝对”的逻辑方式区别于经验逻辑，因为“绝对”本身不是经验中的对象，因此不能用经验的方法完成对它的认识，通过“艺术直观”来认识“绝对”，而此时神秘的因素就包含在认识的方法之中，“直观”就内含着神秘的因素，因此，它成为了少数天才能够掌握的内容。谢林提出，“绝对”是主客观的“会合”，“艺术的理想世界和客体的现实世界都是同一活动的产物；（有意识的活动和无意识的活动）两者的会合无意识地创造着现实世界，而有意识地创造着美感世界”[②]。但是“绝对”的内容是什么，谢林并没有提出，因为我们对“绝对”不能够形成判断，无法述说它，更加不能对它形成知识，因此它的存在与“上帝”有着相同的性质。因此这种发现绝对的方式本身就包含了神秘的成分。谢林哲学最终走向神秘，由“上帝”来保证“绝对”的存在。谢林在知识论的立场上用理性的方式把神秘保存在“绝对”之中，“绝对”本身的根据就在自身之中，具有自因性，是最高的“绝对”，因此它既不是主观也不是客观的存在，对于“绝对”只能做否定性的判断，与“上帝”的特征相一致，因此进入知识论立场，“绝对”本身就具有了神性，因此虽然谢林转变了哲学的立

① 谢林：《先验唯心论体系》，梁志学、石泉译，商务印书馆 1976 年版，第 252 页。
② 谢林：《先验唯心论体系》，梁志学、石泉译，商务印书馆 1976 年版，第 15 页。

场，但是神秘进入了“绝对”的内核之中。谢林在“主客同一”中完成了理性与神秘之间的重新融合，谢林的后期哲学也走向了神秘的结论，他晚年的思想就与基督教结合在一起了。可以说谢林的哲学从神秘的起点走向了神秘的终点，晚期谢林的思想完全成为了神秘主义。

第四章　神秘主义在德国古典哲学中与理性的调和与终结

进入德国古典哲学之后，在康德、耶可比、费希特、谢林的哲学中逐渐演化为神秘主义作为超理性而导致的理性与信仰的缠绕不清，神秘主义与理性之间的对立与调和分别将主、客体的道路走到了各自“绝对”的尽头。因此黑格尔哲学的主要任务是将理性与信仰二者在新的哲学基础上达到辩证统一。在黑格尔这里，真理作为“必须被达到的东西是一种整合神秘主义和康德的自由哲学的和解”①。由此，神秘主义在黑格尔哲学中最终完成理性化，同时也就完成了理性的神秘化，在“调和”意义上终于实现了神秘主义在德国古典哲学中的理性“终结”。②

---

① Dieter Henrich, Between Kant and Hegel: Lectures on German Idealism, Harvard University Press,2008:80.

② 就黑格尔对理性与信仰、哲学与宗教的“整合”，卡尔·洛维特给我们提供了一则生动形象的事例：黑格尔于 1830 年六十大寿时，收到他的学生们铸的一个纪念章：正面是他的肖像，背面则是一种隐喻的描绘：左边一个男性的塑像坐着读一本书，塑像的背后有一根柱子，柱子上蹲着一只猫头鹰；右边是个女性塑像，举着一个比它更高的十字架；在二者之间，有一个裸体的守护神，它面向坐着的塑像，高举的手臂却指向另一边的十字架。猫头鹰和十字架这两个象征使人绝不会怀疑这描绘所指的意义：中间的守护神塑像在哲学和神学之间进行调和。（参见卡尔·洛维特：《从黑格尔到尼采》，李秋零译，生活·读书·新知三联书店 2006 年版，第 18 页）

第一节　黑格尔建构理性与信仰“和解”的理性形而上学

在进入黑格尔哲学之前，理性领域内处理神秘的方式存在两条路径，一是“对立”之路，要实现理性与神秘的相互独立的存在，但最终理性并没有逃脱神秘要素的缠绕；另一条路径是“结合”之路，要实现的是理性与神秘的融合，最终理性被神秘统摄，走向了完全的神秘主义。因此，无论哪一条路径都没有真正的达成理性与神秘之间的“和解”，最终，费希特在主观方面难以“推开”神秘的“缠绕”，谢林在客观方面走向了完全的神秘。进入黑格尔哲学，要完成的是理性与神秘的完全“和解”。在黑格尔看来，以往处理神秘的路径都是知性的路径，所以理性与神秘之间必然会走向一个统摄另一个的结局，虽然其中也有“辩证”与“思辨”出现，但是，它们所出发的“根据”不是在主观就是在客观，因此都是从形而上学的思维方式（孤立、静止、片面的知性思维）出发，所以黑格尔要批判的是知性的思维方式。黑格尔所要达到的是理性与神秘，科学与宗教之间终极的“和解”，因此只有冲出知性，进入理性才能够完成这种“和解”。

一、思辨形而上学的研究对象：上帝、精神与自由

黑格尔以谢林的“绝对同一”作为基本立场出发，提出“哲学的历史就是发现关于‘绝对’的思想的历史。绝对就是哲学研究的对象”①。他指出：“谢林哲学的主要优点在于它所涉及的内容是真理，而

① 黑格尔：《小逻辑》，贺麟译，上海人民出版社 2009 年版，第 37 页。

真理是被了解为具体的。”[①] 谢林哲学中所产生的主体与客体之间的关系萌芽，成为了黑格尔哲学中的具体真理，即主客的同一。但是黑格尔看到了谢林的“绝对同一”依然是基于对表象的思考，体现出以静态展开设定的过程，对于表象背后的内容没有形成逻辑，因此缺乏思辨的特性，更加无法说明主体与客体是如何完成了“同一”。谢林站在知识论立场，消解了存在论立场中主客的对立，但是主客双方如何相互运动、相互依存于转化形成统一的统一体谢林并没有明确的说明。黑格尔提出，谢林的同一是“就其坚持同一，脱离差别来说，只是形式的或知性的同一”[②]。在他那里，“同一性”只是“绝对地（抽象地）”表达出来，并没有证明其真理性。[③] 黑格尔要弥补谢林哲学中的“空洞”之处，不仅要找到主体与客体之间的“同一”，进而还要揭示形式化（不包含内容）的“同一”的发生方式，“对主客体同一的真理性的真正证明毋宁只在于这样进行，即对每一方的自身，就它的逻辑规定亦即它的本质的规定加以考察”[④]。黑格尔提出真正的同一，是在对立面自身内指出它们的“真理”是它们的统一，每一方“单独看来都是片面的”，“它们的区别使得双方互相过渡，回转到统一”。[⑤] 在他看来，这种原则是对立统一的，与费希特的“绝对自我”自身具有的“自否性”的能动性具有内在基调的一致性——在“知识学原理”中，“自我”

① 黑格尔：《哲学史讲演录》第 4 卷，贺麟、王太庆等译，上海人民出版社 2018 年版，第 357 页。

② 黑格尔：《小逻辑》，贺麟译，上海人民出版社 2009 年版，第 235 页。

③ 参见黑格尔：《哲学史讲演录》第 4 卷，贺麟、王太庆等译，上海人民出版社 2018 年版，第 358 页。

④ 黑格尔：《哲学史讲演录》第 4 卷，贺麟、王太庆等译，上海人民出版社 2018 年版，第 358 页。

⑤ 黑格尔：《哲学史讲演录》第 4 卷，贺麟、王太庆等译，上海人民出版社 2018 年版，第 358 页。

本身就是绝对的存在。“绝对自我”通过自身的运动。设定“自我”的同时设出“非我”，在通过“自我”与“非我”之间的相互限制完成整个世界的演绎。因此，“知识学”中的“自我”不是抽象的同一，而是具体的同一，这种具体就体现在其内部的差异性与否定性。“绝对自我”本身具有能动性，设定出“自我”与“非我”的对立统一，通过两者之间的相互制约达到发展。当谢林为“绝对自我”寻找到客观实在性的同时，“能动性”这一特性却是谢林的“绝对同一”中缺少的。因此，谢林的“绝对”是客观静止的“实体”①，并没有将他同样理解为主体。站在知识论立场，虽然谢林克服了唯我论的理论局限，将主体与客体实现了同一，但是其中缺乏“绝对自我”本身所具有的能动性与否定性。“绝对自我”与“绝对同一”在“绝对精神”中完成了综合，黑格尔提出对于“绝对”的证明需要对立的双方，“每一方不知不觉地使得自己变成它自己的对立面，而认识到只有两者的统一才是真理”②。由此，黑格尔将两者的哲学实现了完全的综合，提出“实体”即“主体”，运用“绝对自我”自身的能动性对“绝对同一”进行合理的认识与证明。将“绝对自我”与“绝对同一”称为一个共同的过程，此时作为主体的“绝对自我”就成为“绝对同一”发展中的一个环节。由此主客内部就产生对立统一的矛盾发展运动，用逻辑来证明“绝对同一”的真理性。费尔巴哈指出：“黑格尔是通过谢林为中介的费希特。”③因此，将“绝对同一”赋予能动的逻辑证明是黑格尔哲学的任务，从“绝

① 源自斯宾诺莎哲学中的“实体”。

② 黑格尔：《哲学史讲演录》第 4 卷，贺麟、王太庆等译，上海人民出版社 2018 年版，第 358 页。

③ 《费尔巴哈哲学著作选集》（上卷），荣震华、李金山译，生活 · 读书 · 新知三联书店 1959 年版，第 64 页。

对同一”走向了“绝对理念”。因此在批判以往的形而上学（知性）的基础上他重新确立了思辨形而上学的对象。

黑格尔在《小逻辑》中明确提出，哲学与其他学科思考的对象不同。“哲学缺乏别的科学所享有的一种优越性；哲学不似别的科学可以假定表象所直接接受的为其对象，或者可以假定在认识的开端和进程里有一种现成的认识方法。”① 在黑格尔看来，哲学思考的是精神的发展过程，是对事物做“思维着”的考察，思维是一个圆圈的存在，因此黑格尔哲学不存在某个具有确定性的开端，他认为对思维的证明不能借由他物，只能从自身出发来证明自身。在他看来有前提证明的知识缺乏可靠性，“因为如果一个当前直接的东西作为开端，就是提出一个假定”②。这种方式的证明无法成立，黑格尔拒绝用这种有开端（前提）的方式思考哲学的对象，他要求考察的起点必须去掉前提，是无前提的证明。因此这种思维应该具有否定性与能动性，以保证后续内容的生成。以往哲学的问题所在正是由于从静止之中来寻求一切的开端，所有的反思不能离开表象，因此在知性思维的立场上，无法寻求真正的开端。黑格尔提出对“思维着”的逻辑的开端必须是无前提的能动性，它与费希特的“绝对自我”的“自否性”中的对立统一具有原则上的一致性。所以黑格尔哲学的开端能以否定自身的方式能动地向前进展。这种思维的方式是思辨的思维方式，“思辨的思维，亦即真正的哲学思维”③。但是，“思辨的科学”并不将“别的科学”置之不理，而是对于其中的“普遍规律”和“原则”加以“承认”和“利用”，来充实自身的内容。无条件的能动性用形式逻辑的推演

① 黑格尔：《小逻辑》，贺麟译，商务印书馆 2014 年版，第 36 页。

② 黑格尔：《小逻辑》，贺麟译，上海人民出版社 2009 年版，第 56 页。

③ 黑格尔：《小逻辑》，贺麟译，商务印书馆 2014 年版，第 48 页。

方式，完成从概念到概念的推演。因此，在“思辨的逻辑”中包含有以前的逻辑和形而上学的认识方式，黑格尔超越以往的形而上学逻辑，离开经验表象，对事物的内容形成逻辑，这样就用更加深远广泛的范畴来改造它们。因此他提出，思辨的形而上学所研究的对象，是理性中的对象，是“绝对”的对象。“上面所说的足以求得哲学知识的概念式的思维，即自诩为足以认识绝对对象［上帝、精神、自由］，则对它的这种认识方式的必然性何在，能力如何，必须加以考察和论证。”① 在这里，思辨形而上学的对象“上帝”“精神”“自由”都是第一因的存在，在这里自由是它们的本性，自由的东西都是第一因的，自己决定自己。黑格尔为自由所作的定义是“概念是自由的原则”②。黑格尔提出，“绝对就是概念”。黑格尔哲学的开端超越了以往以表象为根据的静态方式，以无限制的能动性作为哲学的开端。将根据在自身建立起来。“因为自由正是在他物中即是在自己本身中、自己依赖自己、自己是自己的决定者。”③ 以往的形而上学，停留在知性的思维能力上，形成的是有条件的知识，无法对上帝、精神和自由形成认识。思辨形而上学的对象是理性中的无限之在，黑格尔要用思辨的理性对这些对象形成知识，思考它们的终极根据。上帝和精神、自由在形式上是可以区分的，但是它们的内容都是同一个，包含的内容是绝对理念，它们存在的样态的唯一特性就是自由自在，所以在黑格尔这里上帝和精神，只不过是绝对理念内容的不同表达方式。因此，“绝对”存在的形式虽然不同，但是其内容都是同样的，在这里黑格尔不同于知性思维对上帝的“人格化”理解，改变了对于宗教的态度。

---

① 黑格尔：《小逻辑》，贺麟译，商务印书馆 2014 年版，第 48 页。

② 黑格尔：《小逻辑》，贺麟译，上海人民出版社 2009 年版，第 302 页。

③ 黑格尔：《小逻辑》，贺麟译，上海人民出版社 2009 年版，第 96 页。

二、艺术、宗教与哲学统一于绝对精神的理性“内容”

在黑格尔看来，绝对精神包括艺术、宗教和哲学三种由低到高的发展形式，其中艺术和宗教是前面的两个阶段，宗教被黑格尔视为对艺术的超越，它们以表象的方式表达了绝对精神的运动。① 黑格尔将艺术视为绝对精神的初级表达方式，它达到了主客观的同一性。他提出：“艺术虽然早已在人类的最高旨趣中显出它的特殊性质和价值，可是只有到了现在，艺术的真正概念和科学地位才被发现出来。”② 作为绝对精神的第一阶段，艺术是绝对精神的“直接显现”。在绝对精神向自身复归的过程中，最初以直观的有限方式来表现，艺术通过“直观”来展现绝对精神的内容。艺术以自身的形式表达理念的内容，是一个逐渐发展的过程，在发展中，艺术的形式逐渐被扬弃，越来越多的展现绝对精神的内容。因此艺术发展的历史，就是向绝对精神靠近的过程，“艺术形式”与“理念”结合越充分，所产生的艺术的类型就越高。艺术史的第一阶段是“象征型艺术”，是客体主体化的意识体现；艺术史的第二阶段是“古典型艺术”，此时所表达的理念有了具体的外部特征，表现为古希腊的人体雕塑；艺术史的最高阶段是“浪漫艺术”，也就是基督教中的艺术形式，在艺术理念的内容之外，表现为艺术形式的感性化，与经验世界无法分离的艺术感性形式始终存在对他物的依赖性，无法完全的表示出美的理念，因此艺术的形式必然会走向终结。

艺术用直观的方式来表达绝对精神，而宗教对绝对精神形成表象的形式，是退回到主体内在的表象形式，在内心之中来把握绝对精

---

① 参见叔贵峰：《青年黑格尔派宗教批判的逻辑演进》，人民出版社 2014 年版，第 108 页。

② 黑格尔：《美学》第 1 卷，朱光潜译，商务印书馆 1996 年版，第 78 页。

神。在黑格尔看来，“宗教是最接近艺术而又比艺术高一级的领域”①。宗教将绝对精神内化于主体的内心之中，并对宗教形成表象，表象为“神”的理念的形式完成崇拜。因此宗教表象于神的理念的结合是一个历史性的过程，是宗教的非理性形式逐渐剥离，其中的真理内容不断显现的过程。因此黑格尔区分了宗教的发展阶段。分别是“自然宗教”“艺术宗教”和“天启宗教”。黑格尔提出“天启宗教”是冲破了以往的宗教形式最多，展现绝对理念最多的宗教，“在真正的宗教，即其内容是绝对精神的宗教的概念里，本质上包含着这样一点：它是被启示的”②。在这一阶段，人自身的个体性通过宗教体验，更多地接近绝对理念。“它是无限与有限的统一，神与人的统一。基督是人，此人即是上帝；基督是上帝，此上帝即是人。”③ 这样，“上帝”作为宗教的表象，在外部的教堂中呈现，由内化于人的内心之中，自然称为对“上帝”的“理念”的完满表达形式，此时“上帝”形式的发展过程也就是“绝对理念”的运动过程。因此黑格尔提出，宗教是绝对精神以表象的方式演绎着自身的运动。宗教以表象的方式再现了绝对精神。在宗教形式的发展中，是一个不断地变化宗教形式，展现“绝对精神”自身运动的过程，最终，当宗教的外在形式完全剥离掉，就会到达哲学的阶段，形成具有理性普遍性的概念思维。

通过艺术和宗教的两个环节，才能够进入哲学。进入哲学之后宗教和艺术的外在形式已经完全被扬弃掉了，只留下了“绝对精神”本身，此时，“绝对精神”完成了概念化的表达，彻底完成对自身的认识。因此，宗教和艺术凭借外在的感性，表现“绝对精神”，哲学用

① 黑格尔：《美学》第 1 卷，朱光潜译，商务印书馆 1996 年版，第 132 页。

② 黑格尔：《美学》第 1 卷，朱光潜译．商务印书馆 1996 年版，第 132 页。

③ 张世英：《自我实现的历程》，山东人民出版社 2007 年版，第 49 页。

概念表达“绝对精神”，此时成为了内容本身。“哲学必须把以表象的方式提供出来的内容提高为概念的形式，或绝对的知的形式，而绝对的知正如我们说过的那样是那个内容的最高显示。”① 概念通过绝对精神运动，外化到自然界成为事物本身，因此“概念”是没有中介的条件性的存在，是绝对精神的完全显现。因此艺术、宗教、哲学是绝对精神演绎的三个发展环节。宗教表象（形式）下的内容是以宗教的方式演绎出绝对精神。艺术与宗教是前面的两个阶段，是不同阶段的“绝对精神”的存在样态。这样，在黑格尔哲学中，宗教的存在具有了合法性的理性根据，它的哲学任务就是反思宗教中所蕴藏的辩证理性精神。在黑格尔看来，宗教存在的理由是它其中包含了“绝对精神”的内容，“上帝就是那普遍的、绝对、本质的精神”②。宗教的存在不过是暂时的样态，最终会逐渐剥离宗教的“形式”进入哲学的样态，冲破“非理性”的宗教内容达到“理性”哲学的概念表达。因此艺术、宗教与哲学三者中都内含着绝对精神的理性内容，能动的走向统一。

三、思辨形而上学对于西方理性主义哲学的终结

在西方哲学的传统中，自古希腊以来，就产生了以理性逻辑述说世界的哲学思考传统。逻辑（logic），一词源自于希腊文的“罗格斯”（logos），原意是指思想、语言、理性、规律性等。在哲学术语中，它最早出现于古希腊哲学家赫拉克利特的著作中，指的是世界的普遍规律性。到了斯多葛学派，“罗格斯”则开始表示蕴藏在万物中的理性灵性本原，是智慧、自然、神和宇宙的“命运”和“灵魂”。新

① 黑格尔：《精神哲学》，杨祖陶译，人民出版社 2006 年版，第 26 页。

② 黑格尔：《哲学史讲演录》第 1 卷，贺麟、王太庆译，商务印书馆 1959 年版，第 72 页。

柏拉图主义者认为，“罗格斯”既是充斥于整个世界的普遍理性，也是凌驾于万物之上的上帝的理念。在“罗格斯”一词的发展演绎过程中，我们可以看到一个从世界之中到世界之外的抽象过程，也是人的理性的抽象过程。主观世界与客观世界一样都需要遵从一定的规律来运动，这一规律就是“理性”。实际上，“逻辑”一词既具有客观规律性也具有思维规定性的内涵。通过理性的发展，起初人们认为的思维的规律性知识从客观事物的规律性中提炼出来的，逐渐发展为，客观世界的规律性是由思维所赋予的过程。因此当康德根据思维的范畴来为对象“立法”时，他还谨慎地把“立法”的范围控制在经验的现象世界中，认为范畴不能够超越现象世界，康德为思维的规定划定了绝对的界限。黑格尔哲学克服了康德哲学的狭隘性，运用理性，让人的认识通过现象界直达物自体。在黑格尔看来，概念的发生史就是哲学史，描述概念的形成与运动发展，通过思维的方式将概念建立起来是哲学的基本任务。这样，黑格尔将哲学史看作概念本身的逻辑发展。在他看来，哲学史上最早出现的概念，处于概念的贫乏阶段，随着思想的发展，是概念从抽象到具体的发展过程。因此，越是新的哲学概念才越是丰富。“哲学史上所表现的种种不同的体系，一方面我们可以说，只有一个哲学体系，在发展过程中的不同阶段罢了；另一方面我们也可以说，那些作为各个哲学体系的基础的特殊原则，只不过是同一思想整体的一些分支罢了；那在时间上最晚出的哲学体系，乃是前此一切体系的成果，因而必定包括前此各体系的原则在内；所以一个名副其实的哲学体系，必定是最渊博、最丰富和最具体的哲学体系。”①

黑格尔继承了以往哲学的成果，用理性完成了哲学史，成为哲学

① 黑格尔：《小逻辑》，贺麟译，上海人民出版社 2009 年版，第 70 页。

史的环节必然性与整体的自由性的统一。用哲学概念来完成对绝对精神的最终把握，体现为“逻辑学”“自然哲学”与“精神现象学”的合一。以往哲学的思考，从康德开始，都是对事物的表象建立逻辑，进行“反思”，跟在对象之后反复思考。因此，黑格尔指出，那终究只是知性的逻辑，而黑格尔要形成的是对事物内部的内容形成的辩证逻辑，因此，“三位一体学说恰恰是整个思辨哲学的基础”。黑格尔哲学用理性的概念化方式阐释了“三位一体”。由逻辑学（绝对精神）外化出自然哲学（自然界）和精神哲学（人类社会），完成整个逻辑在绝对精神自身中的确立。“即永恒的自在自为存在着的理念永恒地作为绝对精神实现着自己、产生着自己和享受着自己。”① 因此“黑格尔是以阐明他自己的哲学体系的理念（哲学是逻辑理念、自然和人的精神三个环节彼此联系、相互中介、首尾贯穿的圆圈）来结束他对‘哲学’、也是对全部精神哲学、甚至是对其整个哲学体系的阐述的”②。绝对精神本身就是无限的存在，没有任何限定。在黑格尔这里完成了对理性的至高的完满的认识，体现着理性主义哲学在西方哲学中的终结。在黑格尔看来，艺术与宗教都只是绝对精神发展中的“必然环节”，艺术与宗教会在发展中，逐渐扬起其感性的形式，向绝对理念接近。哲学发展到黑格尔实现了宗教的理性化，上帝成为了拥有宗教表象的“绝对精神。”因此，理性主义哲学的思想传统，经历了漫长的历史发展之后，在黑格尔哲学中展示了全部理性的内涵。这也代表着理性主义哲学在德国古典哲学之中的完成。

---

① 黑格尔:《精神哲学（哲学全书·第 3 部分）》，杨祖陶译，人民出版社 2006 年版，第 398 页。

② 黑格尔:《精神哲学（哲学全书·第 3 部分）》，杨祖陶译，人民出版社 2006 年版，第 40—41 页。

第二节　黑格尔对于信仰中神秘主义理性化的最终完成

理性与宗教、知识与信仰的关系问题自中世纪以来始终是哲学和神学关注的焦点问题，随着理性的每一步发展，人们越来越多地要获得高于知性的理性对象的知识，在这一过程中，理性处理神秘要素的不同方式，发展出了高于知性的认识方式。每一次理性的发展都伴随着对神秘因素的理性化处理，但是在进入黑格尔哲学之前，两条处理神秘的路径的结局一是理性发展的同时却与神秘的因素缠绕不清，二是理性走向完全的神秘化。直到黑格尔哲学，扬弃了两者之间的抽象对立，使它们在思辨理性的基础上达到了辩证的统一，才彻底地完成了神秘主义的理性化，但是在剥去宗教神秘外壳的同时，辩证理性也不可避免地披上了神秘的外衣。

一、“绝对理念”被抽象为无人身的“上帝”之在

黑格尔哲学的基本任务和核心思想就是要通过概念自身的辩证运动来论证那最高的理性绝对精神。这样就等于将绝对精神（理念）等同于了上帝的存在，将真理等同于人对上帝的认识或上帝在人身上的自我认识。因此理性与神秘、知识与信仰之间就形成了同一性，也达成了理性与神秘最终的“和解”。在黑格尔哲学中，理性超越了知性而成为了思辨的理性，这种理性的思辨就是要对的非理性神秘主义进行否定，但是在其本身内却产生了更加深刻的理性的神秘性。黑格尔在逻辑学中，运用理性的演绎来完成概念推演，运用辩证法完成自然界、人类社会与绝对精神的辩证统一的同时，理

性的演绎过程使理性不仅在形式上而且在内容上都充满了无法证实的“神秘性”，“从而在对神秘主义进行理性化改造的同时，完成了理性的神秘化历程”①。黑格尔指出，世界自身所具有的理性，以宗教（基督教）的上帝的表象表明绝对精神的内容发展过程，因此，宗教的发展是绝对精神的表象化发展过程。“基督教既是启示的真理，也是被启示的宗教，因为它不包含神奇或秘密，而仅仅包含真理。”② 从知性的思维出发去认识宗教，存在于教义中的神学信条是神秘而不可理解的，当思维提升到辩证思维的水平，存在于其中的一切不可知对于辩证理性而言则是完全合理而准确的。“神秘作为思辨的内容，就它的性质来说，对于知性是不可知的秘密，而不是对于思辨理性；从思辨的意义看来，神秘的正是那合理性的。”③ 辩证理性本身是包含着内在规定的概念，同时，客观实存的物质世界是概念的外化形态，事物的灭亡被理解为概念的否定和扬弃并且向自身返回的过程。在这里，必须在辩证逻辑正确的前提下，这种解释世界的模式才是成立的，辩证逻辑本身就是一种逻辑的演绎。在基督教中，上帝从无中创造了世界万物、用自己的理性赋予的事物，其方式本身就充满了神秘。在黑格尔哲学中，概念从理性中外化出物质世界同样带有神秘性；世界历史的发展如何受绝对精神引领方向本身也具有神秘性。因此，虽然黑格尔用辩证逻辑超越了知性逻辑，揭开了宗教存在的秘密，但是同时也将理性自身引向了神

① 赵林：《黑格尔宗教哲学》，武汉大学出版社 2005 年版，第 235 页。

② 单世联：《从理论走向实践的“批判”——关于青年黑格尔派的读书笔记》，《开放时代》1997 年第 5 期。

③ 黑格尔：《哲学史讲演录》第 1 卷，贺麟、王太庆等译，上海人民出版社 2018 年版，第 79 页。

秘之域。在康德哲学中，现象世界有清晰明确的运行法则，因此“不可知”的是物自体的世界，那里是神秘的所在，因此，康德哲学中存在的是一种“有知”的神秘；费希特的“绝对自我”中体现出的是主观的神秘性；谢林的“绝对同一”是静态的无差别，主观客观相统一的神秘。对此黑格尔说：“一切真理均可以同时称为神秘的。”① 黑格尔用辩证理性的方式实现了对宗教的批判，但是由于辩证理性自身无法抗拒和排除神秘，这样，宗教的神秘就消融在辩证理性之中。“辩证理性披上宗教神秘的外衣之后成为了新的宗教，宗教退去了神秘的外壳称为一种现实的理性。”② 在黑格尔看来，科学通过知性逻辑得到知识，但是哲学必须通过辩证逻辑得到真理。在这个意义上，知性高于理性；哲学高于科学，成为“科学的科学”。逻辑本身要通过概念达到对于事物的界定和述说，而界定本身必须是清晰明确的。因此，艺术用“意境”通过感受来表达世界，宗教通过非理性的教义折射真理，哲学运用概念来清晰地阐发真理。因此哲学自身就需要理性的能动，但是每当理性展开演绎却又难以逃脱神秘的追随。马克思从批判神秘主义出发来批判黑格尔的哲学，他指出，黑格尔将“绝对理念”抽象为无人身的“上帝”之在。在马克思看来，黑格尔把理性从人自身分离出来，提出了理性中的最高——“绝对精神”的精神实体，但是这个实体属性就如上帝一般的存在，包含着万事万物的内容于自身，成为了无人格的精神实体，这样，“绝对精神”又一次不可避免地回到了上帝本身。正如马克思指出的，“上帝”，宗教中上帝又换上了“理性”和“精神”的外衣在人们的一切生活中复活了。

---

① 黑格尔：《小逻辑》，贺麟译，商务印书馆 1980 年版，第 184 页。

② 叔贵峰：《青年黑格尔派宗教批判的逻辑演进》，人民出版社 2014 年版，第 124 页。

这无异于在理论领域又实现了理性宗教化的过程。“世界在越来越大的规模内被圣化了。”①

二、“绝对理念”辩证发展方式同于“上帝创世”

在黑格尔看来，宗教的教义是哲学的表象，最终会扬弃掉宗教的表象达到绝对精神的内容。但是“绝对理念”的辩证发展本身所内含的理性演绎方式，既具有理性的力量，将非理性的神秘理性化，同时自身又难以逃开宗教“创世”的演绎方式中自带的神秘色彩。思维与存在之间的抽象从同一到分裂、对立，再从分裂、对立到具体的同一发展，在基督教的表象形式中就表现为由普遍性的胜负到特殊性的圣子，再由特殊性的圣子到绝对个体的圣灵的演变过程。与“绝对理念”的辩证发展具有内在的一致性。在基督教思考的是人与上帝（人与自身、上帝与自身）在圣灵或在宗教社团的信仰中的和解，同时也是精神在绝对的个体性或主观性中的自我和解，它最终实现场所是基督教（表象形式）和思辨哲学（概念形式）。黑格尔哲学中的圆圈三段式运动即逻辑理念、自然、精神。与基督教“创世”的三段式有着内在的同构性。基督教中概念运动分为普遍性、特殊性和个体性三个发展环节。这三个阶段表现为自在自为的“上帝理念”（内在三位一体、理念的分裂）、自然界的创造和有限精神的出现、重返自身的绝对精神、基督教复活、救赎、宗教社团中的和解。这三段式就是圣父的王国、圣子的王国和圣灵的王国。在这里，逻辑理念（圣父的王国）外化为自然（圣子的王国）和精神（圣灵的王国）。

在圣父的王国阶段，基督教中由普遍性、特殊性和个体性构成了

① 《马克思恩格斯文集》第1卷，人民出版社2009年版，第515页。

与上帝相联系的三种方式，也就是上帝对于主观精神所呈现的三种定在的形式。在黑格尔哲学中“绝对精神”按照正题、反题、合题的形式运动发展，其发展方式在基督教中存在着同样的发展结构，体现在意识、空间、实践等范畴体系中。在思辨哲学中，普遍性的逻辑是指永恒的存在，在自身之内和呈现于自身、特殊性逻辑是指现象，分裂为二，为他物（自然的和精神的他物）的存在、绝对的个体性，是返回自身，绝对呈现于自身，通过他无的自在自为的存在。这三段式的逻辑发展以正、反、合的方式完成，在主观意识领域内表现为，思想——在纯粹思想中呈现于自身、表象——关于他物的意识、主观性——自由精神的思想。这一方式在宗教中体现为空间上的，在世界之外——在自己的位置中的自在自为的上帝、世界——作为显示的神的历史，上帝在世界中的实存、精神的处所——社团，崇拜：有限精神与绝对精神的联系。在时间上，永恒——在时间之外，自在自为的时间、过去——在纯粹的历史中的存在，一种显现、现在和未来——个体和社团的神圣再现和在普遍性中的未来的尽善尽美。在思辨哲学的基础上黑格尔对上帝进行了概括：“处于其永恒的普遍性中的上帝是一个区分自身、限定自身、设定一个他物于自身，并且扬弃差别从而继续呈现于自身的东西。”① 因此“绝对精神”与“上帝”一样是差别统一的最高存在。进入圣子王国，上帝（绝对精神）将自身对象化为另一种形式的存在，即“圣子”，对象化为表象的活动成为创始的过程，“与‘精神’成对峙的那个形式，从纯粹的观念性上去理解时，便是上帝之‘圣子’；用概念表达时，便是‘世界——自然’与‘有

① G.W.F.Hegel : Lectures on the Philosophy of Religion , vol.3, The Consunmmate Religion, ed.By P.C.Hodgson , trans.By P.F.Brown, P.C.Hodgson , and J.M.Stewart , University of Cali fornia Press,1985:284-285.

限精神'"[①]。作为客观存在的自然界，形式上外在于"上帝"内容上与"上帝"具有同一性，完成对象化之后，又再一次要向绝对精神永恒的复归。因此，"圣子"与"上帝"的表象、形式不同，但是具有相同的内容。因此，虽然"圣子"外在于"上帝"存在，但是它们之间具有内在的同一性。这与"绝对精神"外化出"自然界"具有内容的一致性。在圣灵的王国阶段中，"上帝"（绝对精神）通过对自身的运动，在差别中实现同一，完成了精神的第三个方面发展，实现了普遍性与特殊性合体的个体性存在。"这个感性现象（耶稣）是唯一的、排他的，对于其他的主体来说是客观的东西。其他的主体把这个唯一的、特殊的人（耶稣）当作一个崇拜的对象，它们并没有意识到这个人就是它们的精神或他们自身。"[②]绝对精神通过对象化外化为了自然界和人类社会，通过正题、反题再到合题又回到了绝对精神本身。通过绝对理念自身的运动方式，与基督教"上帝"的创世方式存在着内容上的同构性。

三、"逻辑泛神论"中理性"上帝化"

通过"逻辑学"，黑格尔将上帝泛化在整个自然界当中。这样，逻辑学中的理念成为了上帝主观意志的理性化。当上帝在宗教中完成了创世过程，黑格尔在逻辑学中将"绝对理念"外化为自然界，成为人类自身精神的一个内容，这是一个过程。因此黑格尔不同于斯宾诺莎的泛神论，斯宾诺莎不是思辨意义上的泛神论。黑格尔用思辨的逻辑将最高的理性内容泛化在万物之中，一切法表象的形式下都包含着

---

① 黑格尔：《历史哲学》，王造时等译，商务印书馆 1936 年版，第 514 页。

② 赵林：《黑格尔宗教哲学》，武汉大学出版社 2005 年版，第 223 页。

绝对精神的理性内容。而最高的绝对精神与上帝具有相同的属性，绝对精神消解了上帝的神秘性，成为了最高的存在同时，自身又成为了一种新的神秘。这样，随着表象与内容之间的辩证发展，黑格尔将上帝消解在万事万物当中，这种消融的方式就是辩证法的方式。因此，客观上黑格尔达到了逻辑泛神论的结果，也成为了后世产生攻击的核心内容。因此英美的神秘主义拒斥黑格尔辩证法，就是在于他离开了我们能够看到的研究对象，在理性中进行演绎，而演绎法本身不能够实证，就是一种带有神秘色彩的研究方法。独立于人而存在的理念不能通过实证来证明，因此，黑格尔从批判知性思维出发，试图完成理性化、确定化，但是当他试图将知性意义上的信仰理性化的同时，又将自身的理性神秘化了。黑格尔运用绝对精神运动的辩证法，通过正、反、合的运动方式，在逻辑学上完成了“上帝创世”的理性表达。在古希腊时期亚里士多德提出了形式逻辑，成为了近代数学和自然科学的思维法则，自康德以来，到黑格尔要形成的是哲学的逻辑，而与之相对应的就是哲学的思考对象——理性中的对象，不在时空中显现。因此哲学从产生之日起就企图要用理性来诉说超验领域中的神秘的对象。

对于理性对象的思考无法使用科学形式逻辑的思维法则，因为对形式进行作用的公式中，不包含事物自身的内容，因此，黑格尔的思辨逻辑，是对事物的内容体系形成的逻辑，当超越形式逻辑，运用的必然是理性演绎的思维法则，这种思维法则由于无法被实证，因此本身就蕴含着神秘的基因。因此当黑格尔完成了神秘的理性化，同时必然走向理性的神秘化。因此黑格尔的哲学引起了理性与信仰的两方面攻击，在崇尚“虔信”的感性宗教体验的基督教，这种思辨理性的神学天然地带有反叛性，因为“上帝”的至高无上，往往是不能被“思维”的存在。在理性为代表的哲学界，青年黑格尔派对黑格尔对宗教的“暧昧”态度也展开了批判，直指黑格尔没有完全用理性推翻宗教，而是让理性蒙上了神秘的色彩。黑格尔哲学的产生与德国本土哲学的超验性、思辨性和宗教性的哲学特点息息相关，德国本土哲学的特点不同于法国和英国，既不是激进的行动派，也不是现实的经验派，因此德国保留了最多数学式的思维传统，在其特定的历史文化中产生了以思辨为核心特点的德国哲学，甚至体现为某种“唯灵”倾向。在英国和法国经济、政治迅速崛起的时候，德国却还在思考自己的方向，因此在同一历史时期，德国产生的是辉煌的德国古典哲学，最后在马克思那里完成和解决了黑格尔哲学的“双化”问题，马克思真正地在人类社会历史中超出了黑格尔哲学中的神秘性。“正如基督教的上帝只有在经历了道成肉身、蒙难和死而复活的苦难历程之后才能回到自身一样；而整个现实世界都只是作为精神的这种苦难历程的一个见证和中介而存在的。这是一种真正的神秘主义，一种气势磅礴而又玄奥无比的理性神秘主义。”① 并且德国的神秘主义“是英、法的感性神秘主义所无法望其项背的。在黑格尔的宗教哲学中，对有形精神（上帝或神）的崇拜消失了，对无形精神（绝对精神或精神本身）的崇拜却被建立起来，而绝对精神不过是背上了神秘主义十字架的理性和经受了理性洗礼的神秘主义”②。

---

① 赵林：《神秘主义与理性的双重扬弃——黑格尔宗教哲学的演化与实质》，《天津社会科学》2003 年第 9 期。

② 赵林：《神秘主义与理性的双重扬弃——黑格尔宗教哲学的演化与实质》，《天津社会科学》2003 年第 9 期。

第三节　德国古典哲学神秘主义在理性领域中的演进轨迹

在德国古典哲学的内在逻辑发展过程中，不能忽视的一个重要问题是神秘主义一直萦绕在理性的发展之中。处理存在于科学领域之上的神秘的要素，就成为了德国古典哲学必须面对的一个重要的环节。在理性解释神秘的对象的过程中，理性的认识水平也在逐渐地向上发展，他们或将其排除到认识之外，或将其纳入到认识之中，直到最终完成了神秘要素的完全理性化，但是与此同时，辩证的理性本身成为了更高的神秘所在，辩证逻辑达成了理性与神秘的和解，完成了理性与神秘的双化。在进入到德国古典哲学之前，由思辨主义和神秘主义共同构成了其哲学的本土传统。当德国古典哲学家们试图在其形而上学体系中调和宗教与哲学的关系时，神秘主义总是以各种形式萦绕其中，并扮演着“调和”与“推动”的重要角色。因此，在德国古典哲学从知性理性到辩证理性的发展过程中，其神秘主义也经历着一个不断变换“角色”的历史进程，在这一演变历程中，内含着“理性形而上学建构”“理性认识方式确立”和“调和理性与信仰之间关系”三条逻辑演变的进程之路。

一、理性形而上学体系建构中的神秘主义的逻辑演进

在西方文化思想的发展历史中，宗教与信仰和神秘主义是直接相连和密不可分的。近代以来，思维与存在之间的基本矛盾成为了哲学发展的主要矛盾，数学和自然科学的方式成为思考哲学的主流方法，此时的德国哲学就带有着思辨主义和神秘主义的本土传统。进入德国

古典哲学，康德围绕着思维与存在的基本矛盾，试图重新解决以往哲学中存在的理论困境，在科学之上要建构起理性的形而上学体系，这一体系中分别解决科学、宗教与哲学，因此体系的真理性建构是德国古典哲学典型的理论特征之一，将真理性与体系性联合在一起，用体系的完整性来保证形而上学的真理性。

进入德国古典哲学，当时的普鲁士王国依然是一个政教合一的国家，宗教具有无可替代的作用，因此在哲学体系的建构中，宗教是一个十分重要的构成内容；自中世纪基督教神学以来，理性的哲学成了基督教的“婢女”，随着近代启蒙视阈的开启，理性成为重估一切的价值标准，因此，理性与神秘（信仰、宗教）之间的关系再次被凸显出来，通过理性形而上学的体系建构，来调和两者之间的关系成为了哲学家重要的理论任务，在这一过程中理性每一次与神秘交锋并对神秘的要素进行处理，都促使了理性认识水平的进一步提高。因此神秘主义总是以各种方式萦绕在德国古典哲学中，在理性的发展中不断变换“角色”，揭示这一演变的逻辑进程是深入理解德国古典哲学的重要内容。

康德从主体的认知结构出发，展开主体的理性的批判，建构起理性的形而上学。他在认知领域内划定了一条认知界限，现象的世界是凭借主体的认知能力完成认识的规则世界，物自体的世界是人不能形成认识的领域。知性的认识结构在现象世界中可以形成清晰的规律，但是一旦进入物自体的领域内，便超越了知性进入到理性中，此时的认识只能形成理性的幻象。康德将物自体的世界剥离于人的认识之外，物自体的领域成为了人的认识所不能触及的神秘之域。这正是康德先验哲学对神秘主义的处理方式。他通过“划界”，将“现象界”纳入主体的理性之中，在知性范畴的作用下找寻到科学的自明性。基于对主体认识能力的先验考察，认为人类理性能力具有认识(现象界)与实践（物自体，不能形成知识，只能订立法则）两种不同的认识能力，在现象世界遵循理论理性，在实践领域遵循实践理性，在实践理性中，康德用理性的法则，公设出“上帝”的存在，神秘的信仰对象变成了维持福报一致的伦理设定。“正是因为人的理性具有不同的两面，所以人是两个世界——自然世界和理性世界的存在者。在自然世界中，人们无法通过理论理性实现对本体世界或物自体的认识，只能通过无法改变的先天认识形式去认识现象世界。”①这种认识形式来源于现象的内容，在现象世界中不存在任何神秘的因素。因此，物自体的界限是人的认知能力的界限同时也是神秘与非神秘之间的界限。当“本体界”（物自体）被排除到人的认识之外，这一领域也就成为了人主体无法对其形成知识的世界。因此康德在以理性“拒斥”神秘的过程中，一方面保证了现象世界的非神秘性，而另一方面却又不可避免地让本体世界成为了神秘要素的“庇护所”。康德所确立的理性与神秘的对立之路在费希特的“主体”中走向了绝对化。在费希特看来，康德的先验哲学对主体认识能力的静态分析是造成现象界与物自体相互割裂的问题所在，因此，他要弥合两个世界，运用理性越过现象界去完成对一切物的认识，解决康德哲学中主体认识能力的有限性，为主体的认识能力找到无限的、绝对的根据——“绝对自我”。费希特提出这个“绝对自我”是绝对的、无条件的自我意识，是现象界中所有的法则与内容的源头。“自我既然设定自己，所以它是；既然它是，所以它设定自己。”②“绝对自我”为自身确立行动的法则，从而根据

① 谷潇：《德国古典哲学积极自由思想研究》，辽宁大学博士学位论文 2017 年。

② 费希特：《全部知识学的基础》，转引自《费希特文集》第 1 卷，梁志学译，商务印书馆 2014 年版，第 513 页。

这一法则实现“自我”与“非我”在“绝对自我”中的内在统一性。在这里费希特也区分了两种理性，理论理性与实践理性与康德相同，但是在“绝对自我”能动的行动中，已经消除了康德的物自体界限。但是知识学原理中纯先验的理性演绎缺乏实在性的客观依据，最终走向了“为我论”的理论尽头。当费希特用先验逻辑拆除康德所划定的界限之墙的同时，神秘的因素就随之而入，“绝对自我”成为了终极的原因和一切事物的根据，此时“自我”的“绝对性”成为了“自我”的“上帝化”存在，理性的演绎过程暗合到宗教的“创世”演绎，此时神秘又一次成为理性要处理的对象，费希特将“上帝”归结为神秘的道德“天启”。因此，虽然费希特发展了康德的先验哲学，但是当理性超越康德划定的认识界限，进入到无限之中，造成神秘的因素再次与理性相遇，缠绕在一起，是“理性演绎”无法摆脱的“神秘宿命”。

耶可比与康德的出发点不同，他侧重考察的是人的认识的客观方面，因此他从知识的内容入手。在耶可比看来，在主体认知能力下所形成的知识只不过是有限的知识，是“间接知识”，而对于上帝、绝对、自由的知识只能来自纯粹的信仰和直观，那里形成的是“直接知识”。在耶可比看来，对于更高知识的认识必须要将理性与神秘的直观相结合，才能够获得，他宣称“人们不可能认识上帝，只能够信仰上帝”。因此神秘的信仰或直观，被耶可比称为“更高的理性”，在科学之上的理性，一种更高的禀赋。与康德相同，耶可比将世界分为现象和本体两个部分，现象世界是我们形成间接知识的领域，而人们不仅能够形成有限的知识，更加能够凭借“更高的理性”去直接认识本体。这种更高的理性能力正是神学意义上的“理智直观”。因此，在耶可比的哲学体系中，“宗教，上帝的存在是一个无需证明的事实，它只能向内诉诸于人的良知”①。当人通过自我意识确知自己的存在就如同确知上帝的存在一样。因此耶可比完成了理性与神秘的结合。谢林坚持耶可比的方向，在综合康德的物自体和费希特的绝对自我之上，从存在论向知识论转向，站在知识论的立场上，找到了最高的主客观的绝对同一。谢林提出：“这种更高的东西本身既不能是主体，也不可能是客体，更不能同时是这两者，而只能是绝对的同一性。”②但正是这种绝对理性的“绝对同一”，造成了理性本身的困难，蕴含着理性思维向神秘“直观”的转化契机。“当谢林把真理理解为主观与客观的绝对的、无差别的同一时，他就已经打开了通向神秘主义和非理性主义的道路了……失去了认识和理解的手段和可能性，而不得不依赖某种神秘的直接体验和静观了悟，依赖于那只有主观心知，而无外在确证的个人天才和灵感了。”③因此，谢林提出只有“理智的直观”才能够与显示之间的二元对立达到同一，把艺术看作是自我意识发展的最高的阶段，认为上帝或绝对是一切存在的源头，并且在宗教方面谢林认为上帝不是最高的存在者，而是存在本身，是一种高于并且包含着一切现实的没有限制的根基。在理性与神秘结合的认识方向上，谢林的“绝对同一”走向了神秘自然的“天意”。

“在黑格尔看来，黑格尔的辩证法作为一种逻辑，本身逻辑的起点就是脱离经验的，不同于以往的逻辑起点，黑格尔的起点既不是经验事实，也不是先验范畴，而是具有自身能动性的理念，从思考‘无’开始，理念在自身发展过程中的每一步都按照逻辑的方式推进。”④因

① 赵林：《论德国神秘主义与浪漫主义哲学》，《学习与探索》1996年第10期。
② 谢林：《先验唯心论主义体系》，商务印书馆1977年版，第250页。
③ 杨祖陶：《德国古典哲学的逻辑进程》，武汉大学出版社1993年版，第181页。
④ 赵林：《论德国神秘主义与浪漫主义哲学》，《学习与探索》1996年第10期。

此每一个环节都是以对事物内容的反思进行展开。在黑格尔的辩证法之中，绝对精神运动中的环节之间的过渡是由不同的“逻辑冲击”来推动完成的。① 因此在清晰逻辑的源头恰恰是神秘的原则。在黑格尔看来，理念是万事万物的内容根基，而道德、法、宗教都是内容的形式，最终会在绝对理念的运动中逐渐冲破形式，完成差别的统一，向绝对理念再次复归。因此，宗教的神秘性在黑格尔的辩证理性中被消除了，上帝不过是披着宗教外衣的“绝对精神”，非理性的教义会随着理性的发展，完成自身的自我否定与扬弃，向“绝对精神”复归，称为通向“绝对精神”的一个环节。黑格尔将宗教完全理性化的同时，理念本身合逻辑的有规律的运动，恰来自于其自身所固有的神秘力量。因此在黑格尔的形而上学体系中，逻辑学只是宇宙真理的逻辑规定，它通过绝对精神的自身发展运动，外化为自然界和人类社会，在其充分发展中冲破形式向绝对精神复归，因此，一切理念都包含在形式之中，成为环节性完成扬弃向绝对精神的最高内容不断复归。完成形式与内容的合题，宗教也终会冲破自身的感性形式，完成绝对精神的纯理性概念化，于是实现了宗教理性化和理性宗教化的双化。达成了理性与神秘的终极和解。

德国古典哲学的形而上学试图以体系的完整性来保证其知识的真理性，每个哲学体系中上帝与宗教都是其不可缺少的建构之维，而神秘与理性的对立与调和便在体系建构中扮演着不同的角色、发挥着不同的作用。因此，德国古典哲学体系建构的发展演进中也伴随着神秘主义与形而上学的根基、形上领域以及“绝对”自我演绎方式等相遭遇，理性与神秘之间上演着从对立、调和到终极和解的演进逻辑。

① 参见赵林:《论德国神秘主义与浪漫主义哲学》,《学习与探索》1996 年第 10 期。

二、理性认识方式确立中的神秘主义的逻辑演进

超越科学、为科学建构知识论的根据是德国古典哲学建构形而上学的主要目的之一。同时，超越科学的认识方式、确立起属于哲学自身的认识方式也成为了德国古典哲学的主要任务。康德要解决近代以来思维与存在之间的基本矛盾，实现了认识领域内的“哥白尼革命”。通过考察人的理性，他将人认识的层次分为感性、知性与理性。在康德哲学的理性认识形成过程中，感性认识是认识的第一阶段，知性思维或知性概念是认识的第二阶段。在感性直观阶段所形成的表象，虽然经过了时间空间的先天认识形式整理，但表象的存在依然是以偶然的方式并列或者相继的，并不能以普遍必然的方式联系起来。当认识进入知性认识阶段，知性可以将感性直观所提供的质料加以改造和整理，并将它们进行连接和统一，从而形成具有确定性和一定秩序的科学知识——科学知识。在康德看来，知性认识即科学的认识具有特定的形式和方法，它们将感性的材料连接起来并使之成为对象。因此，当进入到先验立场中，科学的法则统摄一切。知性的认识方式在经验范围内统摄确定性的经验世界。当人越过经验世界去认识那没有经验根据的自在之物，思考理性的对象（神秘的对象），更高一级的认识能力就出现了，即理性的认识方式。“我们的一切知识都开始于感官，由此前进到知性，而终止于理性，在理性之上我们再没有更高的能力来加工直观材料并将之纳入思维的最高统一性之下了。”① 康德指出，理性的认识方式是高于知性高于科学的，并且理性的方式是辩证的，即正反两方面同时成立。理性的认识方式以“推理”产生辩证的幻象。“理性的本性是不满足于就事论事的‘判断’，而要通过‘推论’无止

① 康德：《康德三大批判合集》（上），邓晓芒译，人民出版社 2009 年版，第 229 页。

境地扩大人类认识的范围，乃至把知性的范畴推广应用到经验范围之外，超越了人类认识的界限，这就产生了没有实在经验对象的先验的幻象。”①德国古典哲学之前，并没有在先验的层次上区分感性、知性和理性的认识能力。康德超越了以往的哲学对理性能力的考察，要对神秘的超验世界进行理性的述说。康德认为，理性和知性都是“我思”的纯粹形式的活动，都是抽离了一切内容的逻辑形式，它们不仅具有形式逻辑上的功能（判断、推理），而且还包含有先天的能力，即产生原理与概念的能力。康德指出在现象界内，人主体具有先验的感性和知性的认识能力，可以对现象界中的一切有限的对象形成知识，属于理性的知性认识功能即理论理性。当认识跨越知性认识的界限，进入物自体领域之中，对绝对无限的对象进行思考的时候，理性的能力会从知性判断进入理性推理层次，因此这里属于理性的意志功能即实践理性。康德指出，我们人的理性能力中存在认识的界限，因此只能对现象界形成知识而无法越过界限去认识物自体领域，因此物自体世界是不可知的神秘之域。康德用先验的认识方式，完成了现象世界的去神秘化，康德在认识领域将“神秘”在人们的认识之外而予以拒斥，而同样在道德领域“公设”上帝存在，因此道德领域内仍然没有神秘的可隐身之域，上帝不过是出于道德公正的实践需要不得已而公设之在。

费希特的“知识学原理”要考察的就是理性的知识，为一切的知识寻求根据，是最基础的学问，费希特将康德哲学中的“先验自我”转变为知识学体系中的“绝对自我”，在“绝对自我”的纯粹活动中，完成了物自体与现象界的统一。当能动的活动进入到“自我”的“绝

① 杨祖陶：《德国古典哲学逻辑进程》，人民出版社2016年版，第60页。

对性”中，“绝对自我”本身就在主体之中实现了主体内部的主客统一。费希特超越了康德对于人的主体认识“结构”的考察，更加重视先验认识的能动“活动”。他提出，我们根本无需设定物自体的存在，一切“知识”的形式都源于“自我”，能够在“自我”与“非我”的对设活动中产生一切表象，因此知识的质料也同样可以从“自我”之中产生出来。这样，“绝对自我”成为了一切事物的根据所在，因此它本身就与“上帝”具有了同质性。“绝对自我”能动的活动与上帝创世的演绎有着内在的同构性。费希特通过对形式逻辑的三个基本逻辑的考察，阐发了“知识学”原理，“知识学”是一切知识的根基，因此奠定知识学的基础一定是超越形式逻辑的理性认识，当理性展开认识，离开了形式逻辑，要进入纯先验的领域内，理性的认识只能运用演绎方式，演绎的方式正是宗教教义中的主要方式。因此演绎的方式本身就带有神秘的要素。当提高理性的认识能力，就完成了对康德不可知域之中的物自体的思考。费希特运用了自我设定的认识方式，以形式逻辑作为对象去思考，在“绝对自我”中完成了所有“设定”，建立起一切知识的原理。

耶可比反对康德哲学，尤其对康德所推崇的启蒙运动和理性主义持有批判态度，主张一种以“直接知识”以区别于康德的批判哲学。耶可比所说的“直接知识”实际上就是信仰。他认为理性只有与神秘的信仰结合，才能够完成理性的认识。因此哲学的理论论证模式本身就是值得批判的，因为论证作为手段只能接近较近的目标，但永远达不到最终的目标，而最终的目标对于我们来说才是根本的。上帝就是最终的东西，以理性认识上帝，实际上是将上帝贬低为有限的东西。信仰作为信仰，既不依赖于理性，也不需要通过理性来证明其真理性。从某些哲学命题出发来达到对上帝的信仰，或者把信仰转化为理性论证，无疑是“头脚倒置地走路”。通过这种对比，一般意义上的哲学（及其论证）就成为一种“间接知识”。“直接知识”就是心灵的直观，是思想对客观性的一种独特态度——信仰，而且是带有反理智主义或非理性主义色彩的信仰，这就是一种神秘主义的感觉和情感。实际上，“直接知识”不是通过概念而是通过感觉和直观来把握绝对、把握存在、把握上帝、把握宗教，这就是一种直觉主义，最终成为一种神秘主义。耶可比通过理性与神秘相结合的直观的认识，来获得有限的知识之上的更高的知识。

谢林在处理神秘的对象时，运用了耶可比的直观认识方式，以“艺术直观”来把握最高的“绝对”，需要少数天才通过艺术的“直观”才能够把握。“艺术直观”是指“一个绝对单纯、绝对同一的东西是不能用描述的方法来理解或言传的，……只有通过第二种直观才能变成客观的，而这第二种直观就是美感直观”①。“艺术直观”是带有神秘主义性质的“直接洞见”。艺术直观是谢林的理性认识，从知识论的立场出发，把知识建立于自我的基础之上，并通过理智直观来克服在康德和费希特那里作为先验性结构的主观与客观的固有对立。但也正是在直观级次的上升中，神秘主义的成分愈显浓重并最终将艺术直观神秘化为某种天才式的直接洞见。最终走向彻底的神秘主义。

黑格尔在此基础上，超越对表象进行反思的知性思维方式，以思辨的认识方式（辩证思维认识方式）完成了对绝对精神的理解。自康德哲学以来，德国古典哲学的建构要解决的是为科学奠定根基，因此，思考的对象集中于形式逻辑。形式逻辑中所包含的必然关联，是对事物内容起作用的先验认识能力。黑格尔在《小逻辑》中已经明确

① 谢林：《先验唯心论体系》，梁志学、石泉译，商务印书馆 1976 年版，第 273 页。

地批判了之前的知性思维的知性逻辑，是因为黑格尔要在知性逻辑的基础上确立起辩证逻辑的思维方式。黑格尔指出，自康德以来的哲学所思考的对象依然没有离开经验，没有离开表象，因此对于对象的反复思考仍属于知性逻辑之中，在康德确立了先验的认识方式，通过考察主体的先验认识结构，来完成哲学体系的建构；费希特确立的是“设定”的认识方式，通过“设定”活动，将康德的“先验自我”提高到“绝对自我”融合了两个世界的界限，提升了人的理性认识能力；由耶可比开启了理性结合神秘的“直观”认识方式，发展到谢林，具体为“艺术直观”的认识方式，来认识客观实在的知识。因此在黑格尔之前，德国古典哲学的认识方式已在经验表象基础之上展开知性认识。黑格尔转变了认识的方式，建构起理性的认识方式，黑格尔明确提出了自己哲学的对象，即“上帝、精神与自由”，这些对象都是不在时空中显现的对象，它们是理性中的对象，因此与之相对应，黑格尔建构起理性的认识方式——用辩证的逻辑完成了理性认识中的最高存在“绝对精神”。黑格尔最终确立起了辩证逻辑的认识方式，完成了超越知性认识方式的、真正意义上的“理性认识方式”。神秘主义在德国古典哲学不仅可以与形上的“根基”相结合，将“根基”神秘化，而且还可以与认识的方式相结合，让“理性直观”带有神秘的色彩，这便形成了神秘主义在德国古典哲学的认识方式中的发展逻辑。

三、调和理性与信仰关系中的神秘主义的逻辑演进

德国近代哲学神秘主义的主基调是：首先，信仰高于理性，神秘主义是对于理性的超越；其次，人类的理性是有限的，神秘主义是对理性的提升；最后，神秘主义与思辨主义相契合，与辩证法相结合。在最宽泛的意义上，宗教就是神秘主义，宗教在德国文化与社会中的

地位决定了德国哲学与神秘主义的内在关联；在特定的意义上，神秘主义就是信仰或情感经验，这就构成了其与理性之间的张力关系。于是，德国近代哲学在进入德国古典哲学之后，哲学家们就必须对神秘主义作出回应：康德区分了现象界与物自体，将上帝推至物自体领域，成为不可知的神秘对象。黑格尔对宗教的解读则在一定程度上继承了雅各·波墨的理解方式，但黑格尔认为宗教不过是“绝对精神”的表象表达方式，“三位一体”不过是以宗教的方式再现了“绝对精神”，从而让宗教的神秘消融于辩证理性之中，完成了宗教的理性化。调和理性与信仰之间的关系，在理性认识中，通过对“上帝”的思考，进而实现“上帝”的神性与人的思想的融合性，去掉宗教的形式，是人对绝对理念的把握。

在调和理性和信仰的过程中，康德用伦理公设，设定出宗教中的三个对象。人类理性由于敬重道德法则而向往“至善”这个无限的对象，这个“公设”是由道德法则而成立的“至善”所必不可少的理论假设。在康德的实践理性中提出了“意志自由”“灵魂不朽”和“上帝存在”三个“公设”。康德公设“意志是自由的”，人虽然存在于自然之中，但是人的行为却不会完全按照自然科学的支配，这是由于人的理性能够控制自己的行为。在理智的世界中，人们可以依据道德法则决定自己的选择，因此人的“意志”拥有“自由”的能力，这是由于意志总是会受到一个人的欲望和感性的限制，因此意志属于实践的理性，它既可以追求一个至善，同时也可以沉迷于物欲之中，这样，自由的意志始终在“至善”和“欲望”的两极之间来回游走，它会常常受到欲望的诱惑，导致有些人既做好事也做坏事，但是因为意志是理性的，所以它一定有个目标，这个目标就是理性要追求的“至善”，所以它必然会向上走。康德认为只有灵魂才是能够摆脱肉体的束缚，灵魂和意志的区别就在于灵魂可以完全摆脱肉体而单独存在，因此康德指出，灵魂是纯洁的。所以，康德提出，我们追求“至善”，就必须相信灵魂存在，然后追求灵魂，这样灵魂才能不朽。因此灵魂不受任何欲望的牵绊，这样，灵魂便成为善良意志的灵魂，成为达到“至善”在实践上的可能性。人格的进步即为人之本体的灵魂的无限提升。“当灵魂至于无限，表现出对一切感性欲求和外在满足的全面超越并诉诸责任，在道德行为中获得意义确证时，人们称为灵魂不朽。”① 最后，为了保证理智世界中的“德行”在感觉世界中有相应的效果，也就是“德行”与“幸福”可以同时实现。公设有一个“上帝”使这两个世界能够协调一致。“上帝”不再是以往哲学与神学中的认识对象，而成为了按照理性的法则必然公设的对象。在理性与宗教的调和中，人通过道德的理性法则不但认识了“上帝”，也认识了人自身，康德完成了神学人本化的过程，他通过人的道德实践理性需要，“公设”出了以往的信仰对象，用理性法则的推理实现了对“意志自由”“上帝”和“灵魂”的道德化理解，消除了信仰对象的神秘性。

在调和理性与信仰之间的关系中，费希特首先在康德的基础上发展了人的理性认识能力，用“设定活动”的认识方式通过知识学原理，完成了康德两个世界的融合。在“知识学”中，第一条原理和第二条原理是人的活动的原理，第三条原理才是由理性推演出来的，形成表象的原理，这一原理成为了认识一切的根基，从它开始，演绎出整个知识学。在第三原理中，形成了表象的现实性范畴，这是我们一切经验认识产生的基础。因此，“自我”与“非我”的统一就形成了实在

① 张政文：《关于上帝之在的对话——论康德“批判哲学”的神学观》，《求是学刊》1996 年第 4 期。

的表象——建立一切知识的基础。在这里“自我”与“非我”相互限制。费希特提出了主体推演的理性有机体系，当“非我”限制“自我”的时候，能够形成一个认识的世界——理论的世界；当“自我”限制“非我”的时候，“自我”必定要冲破“非我”的界限而对它形成规定——道德实践的世界。因此，当“自我”不断地克服“非我”对“我”的限制，就出现了我所释怀的东西——“我的努力”。“自我的努力应该是无限的，应该没有因果性。可是，这只能在一个反努力的条件下加以设想。这个反努力与努力保持平衡。”① 因此，费希特提出，人的“努力”就是人的使命，是人不断地克服非我的道德过程——实践过程。这样，费希特完成了康德的道路，完成了两部分体系的有机统一，一个是必然的体系，认识的体系；一部分是自由的体系。在“知识学”的体系中，“自我”与“非我”的限制活动，是它们最高的根基。在费希特看来，表象在“自我”和“非我”的相互设定中获得了全部的规定，因此它拥有着现实性的范畴，同时也是充足理由的根据。费希特提出，整个“知识学”的理论体系，都是表象的设定活动，表象之间通过不断寻求差别与同一的过程，使认识得到上升，每一步的上升都有一个“非我”对“自我”形成限制，最高能够达到“绝对自我”，之后再不断向下移动，下移的每一步都有“自我”和“非我”的相互设定的规定。每一个“非我”都形成一个概念限制自我，这个概念都是在“自我”和“非我”中设定出的概念，是既定的概念，而人自身要寻找的概念，就是要通过自身不断克服“非我”对于“自我”的限制，不是顺应这个限制，从而完成人为自己所设定的概念（包含着道德与自由的概念）。这样，在认识领域内发展到最高就是“绝对自我”。此

① 《费希特文集》第1卷，梁志学译，商务印书馆2014年版，第704页。

时的“绝对自我”与宗教中的“上帝”具有同构性，在建立知识学原理之后，晚期费希特就转向了道德宗教，将人类的历史发展运动看作人类历史不断向上帝的意志接近的过程。指出这是一种“良心”，因此费希特从理性出发，最后没有摆脱神秘因素的缠绕，将理性的知识学与历史性的道德宗教结合在一起。

耶可比将理性与信仰结合，认为最高的存在本身就是上帝，谢林沿着耶可比的道路，通过“艺术直观”将绝对或上帝所具有的神性还原为人性。调和理性与宗教之间的关系，在对知识的态度上，与费希特对知识必须（只能）与主体先验原理一致的理解不同，谢林认为知识必须既与主观的自我意识保持一致，又与客观的事物本身保持一致，否则知识的真实性与客观性就无法得到保证。因此，谢林的知识学以同一哲学冠名，“同一性的原则是谢林的全部体系的绝对原则”①。同一性原则既是自然的原则（客观），也是意识的原则（主观），世界就是物质和精神（主观与客观）的同一体。同一哲学从主客体的同一性出发，以主客观的一致性为基础建立其知识学体系。知识学必须且只能从“绝对同一”出发，在主观与客观的相互渗透中形成双重路线。从知识的客观实在性出发，谢林将自我的认识与知识的客观实效性看作是同一存在中的两个方面，主体与客体会在一定阶段向对立面发展。在费希特完全主体化的“绝对自我”中，谢林关注到了知识的客观实在性，因此他试图在主客同一的知识论立场上来把握“绝对同一”。谢林哲学是德国古典哲学发展阶段中的必由之路。在主客同一中把握“绝对”，在谢林哲学中，“绝对”是一切事物的根源，因此“同一性”是最根本的原则。在谢林看来：“绝对物是黑夜，光明比黑

① 《费希特文集》第 1 卷，梁志学译，商务印书馆 2014 年版，第 704 页。

夜晚出，两者的区别，正如光明出自黑夜，一个绝对的差别；无也是最初的，优先无的一切存在、一切多样性都从那里出来”。① 进入谢林的立场，绝对是主客之间的无限之在。黑格尔指出谢林虽然从知识的客观实在性出发，完成了主客之间的同一性，但是依据次幂的变化，“同一哲学”依然是对表象进行的“反思”，因此，虽然知识论立场中完成了“主体即客体”的“同一”，但谢林依然停留在知性的思维方式上。他从存在论立场向知识论立场的转换中，找到了主观与客观同一的“绝对同一”，这样，就实现了主体与客体之间按照“次幂”的变化而相互转化产生整个世界。但是谢林指出，要认识“绝对同一”必须通过“艺术直观”的神秘方式，因为“绝对同一”是只有少部分天才才能够掌握的真理。随后他走向了完全的神秘主义。“于是，人的自由的可能性就以神性的自由作为保证而得以存留下来。”② 表达出谢林思想中彻底的宗教倾向。不同于费希特的理性设定活动的认识方式，在谢林看来我们在完成认识的过程中就需要天才的“艺术直观”的认识方式，因此谢林哲学从神秘的起点，走向了神秘的终点。

黑格尔指出：“在康德、费希特等思想家那里所谓彻底启蒙了的时代，人们仍处于理性内涵的片面化解读阶段——把知性或反思本身当作理性，进而把有限当作绝对。”③ “耶可比、施莱尔马赫等神学家那里所谓改革了的宗教信仰，不过是迫于启蒙运动对于其近似拜物教

---

① 黑格尔：《费希特与谢林哲学体系的差别》，宋祖良、程志民译，商务印书馆 1994 年版，第 77 页。

② Tritten，T．Nature and freedom：Repetition as supplement in the late Schelling．Sophia，2010(2).

③ 黑格尔：《精神哲学》（哲学全书·第 2 部分），杨祖陶译，人民出版社 2006 年版，第 21 页。

的批判压力，而通过情感和直观的方式来另辟一条接近上帝的神秘捷径，使上帝及其诸事物在分离于此岸世界的彼岸世界中得到了确证。启蒙派与新教派之间的这种针锋相对及其各自的权宜之计，最终导致知识与信仰的分离，并造成整个精神世界的异化。随着这种教化的普及，表现生活越丰富多彩，分裂的力量也就越大，整个教化也就越异化，生活追求重新和谐也就失去了意义。”① 而黑格尔在处理神秘的要素时将理性的认识发展到最高，进入了辩证的逻辑，他提出形而上学的思考对象——“上帝、精神、自由”的理性对象，因此，黑格尔认为在辩证的逻辑学确立之前，自康德开始的哲学，以对表象反思而产生的认识方式都属于知性的思维方式。而事物内部，宇宙中一切的发展演化的背后存在着一个统一的“逻辑规定”，人类社会的总体发展均遵循这一“逻辑规定”，它以理性对象作为思考对象，通过概念之间的运动来完成，真理通过人类社会的发展来实现自身的演绎过程。这样，黑格尔对事物的内容形成逻辑，用概念来表达真理，完成了一切神秘的理性化，与此同时，“绝对精神”本身又具有了“上帝”的特性，成为了产生世界的“始基”“第一因”，而逻辑学成为了宗教创世的神秘“意图”。这样，一切事物又都具有了神性。因此黑格尔用理性的认识完成了上帝的理性化，它不依赖于任何中介而仅凭自身来确立、发展并完成自身同时又实现了理性的神秘化。这样，理性与信仰之间的关系在黑格尔哲学中达到了终极的和解，实现了理性与神秘的“双化”，而黑格尔哲学中的“神秘”因素在马克思的哲学中得到了彻底地解决。

① 草瑜：《实体、实证与本体：论黑格尔对现代主体性的确证》，《世界哲学》2018 年第 1 期。

第四节　研究德国古典哲学神秘主义的理论意义

以德国古典哲学为代表的西方理性主义中总是暗含着对神秘主义的处理。“神秘主义”以理性中的对象为代表，充满主体提升理性认知能力的维度，它不仅与我们在感性层面对神秘的理解不同，而且也明显区别于非理性的宗教神秘。因此，深入理解神秘主义与理性主义之间的缠绕发展，具有十分重要的理论意义和现实意义。

一、拓宽国内学术界对于德国古典哲学研究的理论视域

德国古典哲学的产生与发展充满着复杂性，它是马克思思想产生的最为深刻的理论前提。国内学术界对于德国古典哲学的研究往往仅从个案入手，或是文献引入来揭示其发展历程，或是就单一的理性领域维度展开研究。但是构成德国古典哲学的理论研究维度是多重的，除此之外还存在着很多非理性的多重理论维度，其中，神秘主义正是我们不可忽视的重要理论维度之一，通过本文的研究，可以看到神秘与理性的交织促进了德国古典哲学的发展，通过这一过程，深入地理解德国古典哲学中如何形成了两方面的思考倾向，即从主体认识的主观方面（考察人主体的认识能力），从主体认识对象的客观方面（考察知识的内容本身）。因此，简单地将整个德国古典哲学的发展归结为理性领域内的发展，无法明确德国古典哲学的形成和发展全貌，无法深入地理解德国古典哲学中的“同一”哲学的“内容”，以及费希特与谢林哲学发展中如何走向了主观化倾向和客观化倾向。这也造成了我们对广义西方思想之下各种亚文化群理解的忽视。比如为什么17世纪和18世纪法国产生了无神论的启蒙学者，而德国古典哲学思

想家却陷入如此深刻的宗教背景之中；在谢林、黑格尔的身上如何体现出批判启蒙思潮的反省意识；西欧近代的理性主义传统与德国本土的神秘主义传统有着怎样的内在联系等问题。可以看到，神秘主义是构成德国古典哲学众多理论维度中的重要维度之一，解释其发展的逻辑演绎进程，有助于我们进一步丰富和深化对德国古典哲学的理论研究。

本文通过追溯西方文明产生之初所蕴含的理性与神秘两种基因在人类思想发展中的对立与调和，阐释德国古典哲学发展中的神秘主义所演绎出的理性形而上学建构、人类理性认识方式发展和调和理性与信仰之间关系的发展逻辑，以期进一步深化和丰富对国内德国古典哲学的理论研究。

二、帮助我们理解西方哲学中理性与信仰内在调和关系

西方文明在发生源起、历史走向、现实生成和逻辑演进的整体过程中，理性主义始终是构成它的主流，这被马克斯·韦伯认定为西方文化所特有的属性和独有的成果。① 这种蕴含在西方文明中的理性主义或理性精神肇始于古希腊时期，正如文德尔班所评论的，古希腊哲学是“包含在思维理性本身的法则里的形式假定……已经达到明显的公式化”②，这不仅奠定了西方哲学的概念传统，而且也开启了西方哲

① 马克斯·韦伯（Max Weber），德国社会学家，他在其名著《新教伦理与资本主义精神》中一开始就考察了西方文化的特性，从“即在——且仅在——西方世界，曾出现朝着（至少我们认为）具有普遍性意义及价值的方向发展的某些文化现象，这到底该归诸怎样的因果关系呢?”这一问题入手，得出“实际上，在上述关于文化特性的一切例子中，问题的核心毕竟是在于西方文化所固有的、特殊形态的‘理性主义’”这一重要结论。参见马克斯·韦伯：《新教伦理与资本主义精神》，康乐、简惠美译，广西师范大学出版社 2010 年版，第 1、12 页“前言”。

② 文德尔班：《哲学史教程》（上卷），罗达仁译，商务印书馆 1987 年版，第 41 页。

学中理性的形式化演绎与逻辑化推理的论证模式。所以，西方的文化就是“理性文化”，在某种意义上它表现为一部依赖于人类理性的“自然之光”去洞察，并通过理性在发展其学说中“对所有步骤”进行“十分充足的正当性证明”[1]不断去神秘化的理性发展史。

在理性逻辑的框架中，神秘主义是理性主义的“敌人”，二者具有“相斥”的性质，即理性中不应该包含任何意义上的“神秘”。但是，西方理性主义的文化传统并非如此，“神秘”对之于理性如影随形、挥之不去。“神秘主义”要么存在于理性的对面，成为理性反思自身的参照物；要么居于理性之上，成为理性的“绝对”“至上”和“无限”的存在者。从哲学自身发展的历史来看，理性主义至少在其开创者那里就表现出某种“不纯粹”——毕达哥拉斯的“数”不仅是理性的对象，更是信仰的对象，理性与神秘在“神圣”中被融合为一体。[2]自此，在整个西方哲学的发展过程中，神秘主义始终作为一支“潜流”贯穿于同一哲学体系的不同部分或不同的哲学体系之间。这种神秘主义时而与宗教“合谋”，时而在超理性领域“现身”，偶尔也会成为怀疑主义的“帮凶”。于是，神秘主义就自然而然地融入西方哲学的内在结构空间之中，成为西方文化中不可消解的思想因素和理论传统。神秘主义在塑造西方文化的过程中，游走于理性与非理性（超理性）、经验与超验之间，成为一个挥之不去的“幽灵”。如果从西方文化的结构演变或构成要素来看，神秘主义的这种“顽固性”，源自西方文明两大基因的固有张力——一个是希腊文化即古典文明，其本质是理性，它趋向于“理性主义”或“科学主义”，体现着“逻各斯精神”；

① 胡塞尔：《第一哲学》（上卷），王炳文译，商务印书馆2006年版，第41页。

② 在毕达哥拉斯学派那里，数学化的世界就与神谕的宗教信仰达成统一与契合，数字本身成为“神秘”的，如“十”就被认为是“神圣”的。

另一个是希伯来文化即基督教文明，其本质是神性，其中始终彰显着强烈的“信仰主义”或“神秘主义”。① 正是在这一原初结构的支配下，西方文化发展出一个既独特又带有普遍性的问题：理性与信仰的关系。在西方哲学的历史发展中，理性主义与神秘主义的交织在一定程度上正是通过理性与信仰的纠缠而得以展现的。也就是说，理性主义与神秘主义所构成的内在张力，更主要地以理性和信仰所制造的矛盾表征出来。

三、回应当代西方学者对于黑格尔辩证法的诘难

通过对德国古典哲学中神秘主义在理性领域内的逻辑发展考察，使我们对黑格尔辩证法有了更为深刻的理解。在黑格尔看来，哲学要对事物的内容形成逻辑，因此扬弃感性的形式和现象，才能直接进入哲学。在西方当代学者中，对于黑格尔辩证法存在误解，这体现在奥地利当代哲学家卡尔·波普尔仅从历史发展的角度出发，对黑格尔的辩证法进行批判，他将黑格尔的辩证法割裂为矛盾哲学与同一哲学两部分，用形式逻辑的思维方式来理解黑格尔的辩证思维的思维规定，因此造成了对黑格尔辩证法的误解；英国当代哲学家罗伊·巴斯卡提出，黑格尔的辩证法超越了康德的二分法，其自然哲学和精神哲学是绝对理念的整体推演，但是，他所理解的推演并没有超越形式逻辑的限定，因此，这种“辩证”已然是康德哲学之前的“辩证”。他认为黑格尔的辩证法由于过分强调主体与客体的统一而忽视了现实，认为黑格尔的“否定”是不充分的，其辩证法是一个封闭的总体。可以看

① 关于西方文化的两大源头或两种思想力量，学界早有定论，参见马修·阿诺德：《文化与无政府状态：政治与社会批评》，韩敏中译，生活·读书·新知三联书店 2002 年版；陈嘉映：《哲学之为穷理》，《贵州文史丛刊》2013 年第 1 期。

出，当巴斯卡将客观实在抽离出黑格尔的辩证法的同时，他的认识水平就又一次退回到了形式逻辑之中。黑格尔的辩证法的产生恰恰是由于在德国古典哲学的形成中看到了科学的局限性与其自身难以克服的问题，才要重新为科学寻求根据。在黑格尔看来，自康德开始，德国古典哲学中的思考都是以表象为对象，虽然建立在形式逻辑之上，但是依然是知性逻辑的思维方式，而黑格尔要通过表象，对“内容”进行思考，因此产生了思考“内容”的逻辑——辩证逻辑。因此如果按照科学的思维法则退回到形式逻辑来考察辩证逻辑，那便会形成对黑格尔辩证法的最大误解。

结　语

西方文化的具体样式——艺术、宗教、哲学等，在其塑造与发展的过程中，都会将“神秘”纳入其中。在西方艺术中，古希腊悲剧充满着神秘主义的“命运”，英雄个人的不幸遭遇及其悲剧性结局，都是由不出场的“命运”使然。“命运”，即“自身”中“所固有的某种因素”，是“不可逆转的必然性”，同时也是“神秘的力量”“扑朔迷离的神秘雾霭”①，它难以理解，也无法改变。对此，黑格尔指出，“命运”是“不可理解的，不可纳入概念的”②。由此，对“宿命”的认识与超越便塑造成为西方文化不可缺少的精神气质。在西方宗教文化中，先知们接受上帝神秘的启示，信徒们对于上帝的神秘体验，一直以来都是信仰的主流方式，德尔图良提出“惟其不可能，我才相信”的命题，奥古斯丁坚持“信仰，然后理解”的立场，帕斯卡得出“亚伯拉罕的上帝，以撒的上帝，雅各的上帝，不是哲学家和学院派的上帝”③的结论，无不表明“因神秘而信仰”才意味着信仰的绝对纯真和对上帝的无比虔诚。古希腊哲学更是如此，存在于“超验世界”之

---

① 赵林:《西方宗教文化》，武汉大学出版社 2005 年版，第 26、35 页。

② 黑格尔:《朱光潜译．美学》第 2 卷，商务印书馆 1979 年版，第 252 页。

③ 转引自道格拉斯·格鲁秀斯:《帕斯卡尔》，江绪林译，中华书局 2003 年版，第 8 页。

中的“本体”，天然地蒙着一层“形而上”的神秘面纱。“哲学家想要运用‘本体’去克服原始宗教中的神秘，但‘本体’自身也处于神秘之中，这便造成了以哲学‘神秘’来批判宗教‘神秘’的理论宿命。”① 同时，哲学内部理性与非理性的对抗，也一直有神秘主义出其左右，在很多情况下，非理性主义作为“一种比较隐性的维度，而且本身往往超出了哲学的范围而与宗教神秘主义结合在一起，与理性和信仰的关系纠缠不清”②。统而言之，以理性“去蔽”神秘的过程，成就西方哲学的辉煌；反之，以神秘“消解”理性，也不失为西方哲学的固有传承。

德国古典哲学代表着西方理性主义的理论高峰，然而回顾德国文化传统，我们会发现，神秘主义在德国具有深厚的文化土壤，尤其是近代德国哲学在进入古典哲学之前，思辨主义和神秘主义共同构成了其哲学的本土传统。当德国古典哲学家们试图在其形而上学体系中调和宗教与哲学的关系时，神秘主义总是以各种形式萦绕其中，并扮演着“调和剂”的重要角色。因此，在德国古典哲学推崇理性的发展过程中，神秘主义也经历着一个不断变换“角色”的历史进程，是我们进一步深化和丰富对德国古典哲学理解的一个重要理论纬度。

---

① 叔贵峰：《马克思宗教批判的革命变革——从理性的批判到实践的批判》，人民出版社2008年版，第25页。

② 邓晓芒：《西方哲学史中的理性主义和非理性主义》，《现代哲学》2011年第3期。

参考文献

著作类

《马克思恩格斯文集》第 1 卷，人民出版社 2009 年版。

《马克思恩格斯文集》第 2 卷，人民出版社 2009 年版。

《埃克哈特大师文集》，商务印书馆 2010 年版。

《费希特著作选集》第 1 卷，商务印书馆 1994 年版。

《费希特著作选集》第 2 卷，商务印书馆 1994 年版。

《费希特著作选集》第 3 卷，商务印书馆 1994 年版。

《费希特著作选集》第 4 卷，商务印书馆 1994 年版。

《费希特著作选集》第 5 卷，商务印书馆 1994 年版。

费希特:《对德意志民族的演讲》，商务印书馆 2010 年版。

费希特:《极乐生活指南》，辽宁教育出版社 2003 年版

费希特:《伦理学体系》，商务印书馆 2006 年版。

费希特:《论学者的使命人的使命》，商务印书馆 2008 年版。

费希特:《全部知识学的基础》，商务印书馆 1986 年版。

费希特:《人的使命》，商务印书馆 1982 年版。

费希特:《行动的哲学》，译林出版社 2013 年版。

《黑格尔全集》第 10 卷，商务印书馆 2012 年版。

《黑格尔全集》第 17 卷，商务印书馆 2012 年版。

黑格尔：《费希特与谢林哲学体系的差别》，商务印书馆 1994 年版。

黑格尔：《精神现象学》（上、下），商务印书馆 1979 年版。

黑格尔：《精神哲学》（哲学全书·第三部分），人民出版社 2006 年版。

黑格尔：《逻辑学》（上、下），商务印书馆 1966 年版。

黑格尔：《逻辑学》（哲学全书·第一部分），人民出版社 2002 年版。

黑格尔：《小逻辑》，商务印书馆 1980 年版。

黑格尔：《耶拿体系（1804—1805）逻辑学和形而上学》，人民出版社 2012 年版。

黑格尔：《哲学史讲演录》第 1 卷，上海人民出版社 2018 年版。

黑格尔：《哲学史讲演录》第 4 卷，上海人民出版社 2018 年版。

《康德三大批判精粹》，人民出版社 2001 年版。

《康德著作全集》，中国人民大学出版社 2013 年版。

康德：《纯粹理性批判》，人民出版社 2004 年版。

康德：《实践理性批判》，人民出版社 2004 年版。

康德：《未来形而上学导论》，商务印书馆 1997 年版。

库萨的尼古拉：《论隐蔽的上帝》，商务印书馆 2012 年版。

库萨的尼古拉：《论有学识的无知》，商务印书馆 1988 年版。

莱布尼茨：《人类理智新论》，商务印书馆 1982 年版。

潘能伯格：《神学与哲学》，商务印书馆 2013 年版。

谢林：《布鲁诺对话：论事物的神性原理和本性原理》，商务印书馆 2008 年版。

谢林：《对人类自由的本质及其相关对象的哲学研究》，商务印书馆 2008 年版。

谢林：《先验唯心论体系》，商务印书馆 1977 年版。

斯宾诺莎:《伦理学》，商务印书馆 1983 年版。

休谟:《人类理解研究》，商务印书馆 1960 年版。

休谟:《人性论》，商务印书馆 1997 年版。

邓安庆:《谢林》，东大图书公司 1995 年版。

邓晓芒:《〈纯粹理性批判〉讲演录》，商务印书馆 2013 年版。

邓晓芒:《德国古典哲学讲演录》，湖南教育出版社 2010 年版。

邓晓芒:《康德〈纯粹理性批判〉句读》，人民出版社 2010 年版。

邓晓芒:《康德〈道德形而上学奠基〉句读》，人民出版社 2012 年版。

邓晓芒:《康德〈判断力批判〉释义》，生活·读书·新知三联书店 2008 年版。

邓晓芒:《思辨的张力》，湖南教育出版社 1992 年版。

高清海:《找回失去的哲学自我》，北京师范大学出版社 2004 年版。

高清海:《哲学的憧憬》，吉林大学出版社 1995 年版。

高宣扬:《德国哲学通史》第 1 卷，同济大学出版社 2007 年版。

贺麟、张世英:《黑格尔关于辩证逻辑与形式逻辑的关系的理论》，上海人民出版社 1956 年版。

李质明、李志逵、李毓章:《德国古典哲学》，北京出版社 1978 年版。

梁志学:《自由的体系——费希特哲学读本》，商务印书馆 2008 年版。

刘永富:《黑格尔哲学解读》，中国社会科学出版社 2002 年版。

陆杰荣:《形而上学研究的几个问题》，中国社会科学出版社 2012 年版。

陆杰荣:《哲学的性质与机制——西方哲学比较研究》，辽宁大学出版社 1992 年版。

叔贵峰:《青年黑格尔派宗教批判的逻辑演进》，人民出版社 2014 年版。

孙利天:《论辩证法的思维方式》，吉林大学出版社 1994 年版。

王树人:《思辨哲学新探——关于黑格尔体系的研究》，人民出版社 1985

年版。

王天成:《直觉与逻辑》，长春出版社 2000 年版。

王晓朝:《宗教学基础十五讲》，北京大学出版社 2003 年版。

先刚:《永恒与时间——谢林哲学研究》，商务印书馆 2008 年版。

谢地坤:《费希特的宗教哲学》，中国社会科学出版社 1993 年版。

杨祖陶、邓晓芒:《康德〈纯粹理性批判〉指要》，湖南教育出版社 1996 年版。

杨祖陶:《德国古典哲学逻辑进程(修订版)》，武汉大学出版社 2003 年版。

杨祖陶:《康德黑格尔哲学研究》，武汉出版社 2002 年版。

俞吾金、汪行福、王凤才等:《德国古典哲学》，人民出版社 2009 年版。

张澄清:《黑格尔的唯心辩证法》，福建人民出版社 1984 年版。

张世英:《论黑格尔的精神哲学》，上海人民出版社 1986 年版。

张世英:《论黑格尔的逻辑学》，中国人民大学出版社 2010 年版。

赵敦华:《基督教哲学 1500 年》，人民出版社 1994 年版。

赵林:《黑格尔宗教哲学》，武汉人民出版社 2005 年版。

赵林:《基督教思想文化的演进》，人民出版社 2007 年版。

赵林:《基督教与西方文化》，商务印书馆 2013 年版。

赵林:《神旨的感召——西方文化的传统与演进》，武汉大学出版社 1993 年版。

赵林:《西方文化概论》，高等教育出版社 2004 年版。

赵林:《西方宗教文化》，武汉大学出版社 2005 年版。

郑昕:《康德学述》，商务印书馆 2003 年版。

A.B. Sharpe, *Mysticism, Philosophy and Religion*, Kessinger Publishing,2010.

Bertrand Russell, *Mysticism and Logic*, Dover Publications,2004.

Carl Du Prel(A), C. C. Massey(T), *The Philosophy of Mysticism*, Kessinger

Pub Co,2007.

Horton Harris, *David Friedrich Strauss And His Theology*, Cambridge At The University Press, 1973.

Dieter Henrich, *Between Kant and Hegel: Lectures on German Idealism*, Harvard University Press, 2008.

Ed.Guyer, Paul. *The Cambridge companion to Kant*, Cambridge University Press, 1992.

Friedrich Schleiermacher, *On Religion: Speeches to Its Cultured Despisers*. The Public Domain Digital Edition createdm, 2006.

Gershom Scholem, *Major Trends in Jewish Mysticism*, Schocken Press, 1995.

Jerry Day, Voegelin, *Schelling and the Philosophy of Historical Existence*, University of Missouri Press, 2003.

Kaufmann Walter. *Goethe Kant and Hegel*. Mc Graw-Hill Press, 1980.

Keller Pierre. *Kant and the Demands of Self-consciousness*. Cambridge University Press, 1998.

Magee Bryan. *The Philosophy of Schopenhauer*. Clarendon Press, 1990.

Robert Bruce Mullin, *Miracles and the modern religious imagination*, Yale university press, 1996.

D.C. Gogman, *Science and religious belief 1600-1900*, The open university press, 1973.

David Friedrich Strauss, *The Life Of JESUS: Critically Examined*, Translated by George Eliot, Thoemmes Press, 1998.

Douglas Moggach, *The Philosophy And Politics Of Bruno Bauer*, University Ottawa, 2003.

期刊类

M. J. 泽迈克:《康德之后的两种思维范式——谢林与费希特的对立》,《哲学译丛》1988 年第 6 期。

G. 施托克:《费希特耶拿时期的上帝概念》,《哲学译丛》1991 年第 5 期。

陈海燕:《谢林与德国浪漫派》,《安徽教育学院学报》2005 年第 5 期。

陈海燕:《谢林与非理性主义》,《淮北煤炭师范学院学报》(哲学社会科学版)2007 年第 2 期。

陈嘉明:《宗教对于人类的意义——简论康德与黑格尔的宗教哲学》,《文史哲》2006 年第 3 期。

陈丽:《基督教启示观视界中的黑格尔宗教哲学管窥》,《河南社会科学》2012 年第 12 期。

陈企瑞:《埃克哈特"神人合一"的神秘主义思想》,《金陵神学志》2008 年第 3 期。

陈也奔:《黑格尔的宗教神学观与哲学史的联系》,《黑龙江社会科学》2004 年第 5 期。

崔文奎:《费希特哲学向宗教的回归》,《世界宗教研究》2010 年第 5 期。

邓安庆:《从"形而上学"到"行而上学":康德哲学哥白尼式革命的实质》,《复旦学报》(社会科学版)2009 年第 4 期。

邓安庆:《从启蒙倒退到神话之后的生存哲学——论谢林中后期哲学的伦理思想》,《云南大学学报》(社会科学版)2013 年第 4 期。

邓安庆:《德国古典哲学的实践品质与德行力量》,《中国社会科学报》2010 年第 5 期。

邓安庆:《康德道德神学的启蒙意义》,《哲学研究》2007 年第 7 期。

邓安庆:《逻辑学还是伦理形而上学——费希特伦理学的"知识学原理"研究》,《湖南社会科学》2011 年第 5 期。

邓安庆:《谢林哲学中的自由问题——兼论谢林前后期哲学的统一性》,《哲学研究》2001 年第 5 期。

邓安庆:《知识·历史·艺术——试论谢林先验哲学体系的三大主题》,《湖北大学学报》(哲学社会科学版)1993 年第 1 期。

邓晓芒:《康德对道德神学的论证》,《哲学研究》2008 年第 9 期。

邓晓芒:《康德宗教哲学对我们的启示》,《现代哲学》2003 年第 1 期。

邓晓芒:《西方哲学史中的理性主义和非理性主义》,《现代哲学》2011 年第 3 期。

丁云举:《费希特知识学的建构、基本内容及方法》,安徽大学 2002 年硕士学位论文。

郭瑞:《浅析康德道德神学及其理性宗教的内在关系》,陕西师范大学 2012 年硕士学位论文。

何晓亮:《黑格尔自由意志论的逻辑演绎及其宗教渊源》,《重庆科技学院学报》(社会科学版)2012 年第 23 期。

黄颂杰:《理性与信仰——西方哲学和宗教关系流变探析》,《河北学刊》1997 年第 3 期。

黄颂杰:《论西方哲学的宗教和神学之品性》,《哲学研究》2000 年第 9 期。

黄颂杰:《实体、本质与神》,《哲学研究》2008 年第 8 期。

黄颂杰:《宗教伦理思想基础探微》,《哲学动态》2003 年第 4 期。

雷礼锡:《黑格尔古典艺术理想的神学意涵》,《襄樊学院学报》2005 年第 1 期。

李德学、王天成:《谢林先验唯心论历史观中的唯心辩证法思想》,《社会科学战线》2002 年第 4 期。

李鹏程:《论黑格尔宗教哲学的形而上学建构》,《云南大学学报》(社会科学版)2002 年第 2 期。

李鹏程：《论青年黑格尔的宗教观及其演变》，《上海社会科学院学术季刊》1987 年第 3 期。

李秋零：《道德并不必然导致宗教——康德宗教哲学辩难》，《宗教与哲学》2013 年第 2 期。

李秋零：《康德论哲学与神学的关系》，《江苏行政学院学报》2008 年第 1 期。

李秋零：《论尼古拉·库萨的"有学问的无知"》，《中国人民大学学报》1990 年第 1 期。

李秋零：《西方神学与哲学的关系——从潘能伯格的〈神学与哲学〉一书谈起》，《宗教与哲学》2012 年第 1 辑。

刘敬东：《两个世界的内在张力与理性—非理性动力结构——黑格尔历史理念片论》，《哲学研究》2002 年第 12 期。

刘立东、王天成：《谢林同一哲学体系的基本架构》，《河北学刊》2013 年第 4 期。

陆杰荣：《论形而上学"上行"与"下移"之内在逻辑》，《陕西师范大学学报》（哲学社会科学版）2013 年第 4 期。

陆杰荣：《西方哲学研究重心的演进逻辑与形而上学之命运》，《学术月刊》2008 年第 10 期。

陆杰荣：《西方哲学演进的逻辑与哲学面对"事情"本身的诸种方式》，《思想战线》2010 年第 1 期。

罗久：《自然中的精神——谢林早期思想中的"自然"观念探析》，《科学技术哲学研究》2012 年第 2 期。

马进：《现代非理性主义的第一次理论表述——谢林哲学中的非理性主义思想》，《西北师大学报》（社会科学版）1994 年第 5 期。

王福生：《黑格尔辩证法的宗教前提》，《江苏社会科学》2008 年第 2 期。

王天成：《康德和谢林的认识创造机能理论及其意义》，《吉林大学社会科学学报》1987 年第 2 期。

吴宏政：《人学与神学：德国古典哲学中的两条致思路径》，《天津社会科学》2011 年第 4 期。

先刚：《哲学与宗教的永恒同盟——论谢林的宗教哲学思想》，《社会科学战线》2007 年第 3 期。

萧诗美、蒋贤明：《从黑格尔辩证法的基督教神学起源重新理解西式辩证法的精神实质》，《马克思主义哲学研究》2013 年第 10 期。

谢地坤：《从原始直观到天才直观——谢林〈先验唯心论体系〉之解读》，《云南大学学报》（社会科学版）2004 年第 1 期。

谢地坤：《费希特的道德宗教观与人性尊严》，《云南大学学报》（社会科学版）2002 年第 3 期。

谢地坤：《绝对与人类自由——谢林〈自由论〉探析》，《现代哲学》2004 年第 1 期。

谢地坤：《扬善抑恶的理性宗教学说——评康德的〈纯粹理性界限内的宗教〉》，《中国社会科学院研究生院学报》1992 年第 5 期。

谢地坤：《耶拿时期的费希特宗教哲学》，《哲学研究》1992 年第 8 期。

徐军：《辩证法崇拜：关于黑格尔辩证法“神秘化”的一种新阐释》，《中共南昌市委党校学报》2010 年第 4 期。

杨华明：《从宗教神秘主义到历史唯物主义——试论从黑格尔到马克思的哲学转向》，《郑州大学学报》（哲学社会科学版）2003 年第 1 期。

杨俊杰：《论谢林的智性直观》，《福建论坛·人文社会科学版》2006 年第 3 期。

杨祖陶：《黑格尔〈耶拿逻辑〉初探》，《哲学研究》2011 年第 2 期。

杨祖陶：《论德国古典哲学的逻辑进程》，《哲学研究》1992 年第 10 期。

叶秀山:《“哲学”如何“解构”“宗教”——论康德的〈实践理性批判〉》,《哲学研究》1997年第7期。

约瑟夫·麦卡尼:《“神秘主义之大成”:马克思对黑格尔的理解》,《马克思主义与现实》2010年第1期。

詹世友:《晚期希腊伦理学的归结:神秘主义——新柏拉图主义的伦理学说》,《井冈山师范学院学报》(哲学社会科学)2003年第1期。

张会永:《上帝存在是如何可能的?——康德的理性神学研究》,《科学经济社会》2012年第4期。

张文圣:《论谢林的同一哲学》,吉林大学2009年硕士学位论文。

章忠民:《“上帝之死”与黑格尔的“苦恼意识”》,《复旦学报》(社会科学版)2013年第1期。

赵林:《辩证法与神秘主义》,《长江文艺》2012年第9期。

赵林:《刺向神秘主义和形而上学独断论的双刃剑》,《云南大学学报》(社会科学版)2009年第4期。

赵林:《从西方文化的历史发展看科学与宗教的辩证关系》,《文史哲》2007年第2期。

赵林:《黑格尔宗教哲学的理性基础与逻辑结构》,《世界宗教研究》1998年第4期。

赵林:《康德道德神学的构建及其意义》,《武汉大学学报》(人文科学版)2012年第2期。

赵林:《康德与西方宗教哲学》,《武汉大学学报》(人文科学版)2012年第2期。

赵林:《论德国神秘主义与浪漫主义哲学》,《学习与探索》1996年第5期。

赵林:《论德国哲学的神秘主义传统》,《文史哲》2004年第5期。

赵林:《神秘主义与理性的双重扬弃——黑格尔宗教哲学的演化与实质》,

《天津社会科学》2003 年第 5 期。

赵林:《西方文化转型的历程: 信仰与理性关系的辩证演进》,《江海学刊》2012 年第 1 期。

赵林:《休谟对自然神论和传统理性神学的批判》,《云南大学学报》(社会科学版)2005 年第 5 期。

周锴:《论埃克哈特的神秘主义思想》,《湖北社会科学》2009 年第 7 期。

后　记

本书是在我的博士论文的基础上修改而成的。在此，我非常感谢我的恩师叔贵峰先生。从攻读硕士学位到攻读博士学位，我的整个研究生阶段的学习都是在先生的精心培育和言传身教中顺利完成的，这不仅体现为知识的传递，更是一种精神的传承。先生极高的学养和高尚的人格一直深刻地影响着我、带领着我、鼓励着我，将“爱智求真”的“真理性”追求，在我的自身中建立起来。求学之路漫长而辛苦，哲学思考的对象晦涩而难懂，但回首来时道路，恰是这份“思想”之“苦”，让我品味了“真理”之“美”。每个深夜寂静中的探问，总能让我在“孤独”中“登上高楼”，去“望尽”那“天涯之路”！在“蓦然回首间”，已经丰富了自身，深刻了自身！

回忆攻读博士的岁月，我的心中充满了感恩，感恩的是在硕士毕业之后我还能够有幸继续跟随叔贵峰先生深入研究德国古典哲学的理论领域，永远不能忘记的是读博期间从论文选题的确定、框架的拟定到写作的指导，先生都耐心讲解，每次向先生请教问题都能够得到细心的回复与指导。先生高尚的人格、渊博的知识、敏锐的洞察力、严谨的治学态度、不懈的探索精神，以及诲人不倦的师德，都令我受益良多，这是我一生受之不尽的宝贵财富！

本书的顺利完成，非常感谢辽宁大学的陆杰荣教授、王国坛教授、吕梁山教授，以及黑龙江大学的丁立群教授，南开大学的闫孟伟教授的审定与指导；感谢辽宁石油化工大学马克思主义学院院长刘志丹教授在本书写作充实过程与出版中给予的帮助。本书的顺利出版，还得益于人民出版社的支持与帮助，非常感谢为此付出辛勤劳动的所有编辑和工作人员。

本书是一部深入探寻德国古典哲学神秘主义在理性领域中的逻辑演进的理论研究性著作，德国古典哲学是一座人类知识的宝库，其内蕴含的哲学精髓值得所有人深刻挖掘，由于本人学力和篇幅的限制，书中肯定还存在着许多不足之处，在此恳请学界同仁予以批评指正，本人深表谢意！

肖 宁

2022 年 10 月

责任编辑：戚万迁
封面设计：汪　阳

图书在版编目（CIP）数据

德国古典哲学中神秘主义研究 / 肖宁 著 . — 北京：人民出版社，2023.9
ISBN 978 – 7 – 01 – 025966 – 6

I. ①德…　II. ①肖…　III. ①德国古典哲学 – 神秘主义 – 研究
IV. ① B516.3

中国国家版本馆 CIP 数据核字（2023）第 180939 号

德国古典哲学中神秘主义研究
DEGUO GUDIAN ZHEXUE ZHONG SHENMI ZHUYI YANJIU

肖　宁　著

人民出版社 出版发行
（100706　北京市东城区隆福寺街 99 号）

环球东方（北京）印务有限公司印刷　新华书店经销

2023 年 9 月第 1 版　2023 年 9 月北京第 1 次印刷
开本：710 毫米 ×1000 毫米 1/16　印张：12
字数：140 千字

ISBN 978 – 7 – 01 – 025966 – 6　定价：48.00 元

邮购地址 100706　北京市东城区隆福寺街 99 号
人民东方图书销售中心　电话（010）65250042　65289539